신께 답을 구하다

〈후원금 안내〉

귀한 말씀이 담긴 책을 많은 분이 볼 수 있도록 계속해서 인쇄하고 있습니다.
세상을 향한 따뜻한 마음을 가진 당신의 아름다운 동참을 간절히 기원합니다.
당신의 후원이 다음 책(치유명상 책)을 만들게 하고
필요한 분들에게 책을 드릴 수 있게 합니다.
당신의 선행이 무량한 복덕이 됩니다.

* 입금계좌 : 농협 351-1241-8339-33 (효총사)

Ask God for Answers

신께 답을 구하다

질병 치유를 위한 새로운 마음

효경·효민·득은 지음

신께 물어 답을 얻다

육체의 질병 어디에서 왔는가? 전생의 마음부터
현재의 마음까지 신께서 답하시다

 태상지일사

두 손 모아 합장하여 예배합니다.

치유의 책을 시작하시고 과정과 결과에 함께 하여 주신

태상황삼천주님, 아미타부처님, 관세음보살님, 불관보살님께

진심으로 예배드립니다.

신께서 의논하시며

처음부터 마지막까지 주관하여 주심에 깊이 감사드립니다.

이 책이 있기까지 함께 하여 주신

스승님께 깊은 경의를 표하며 예배드립니다.

어느 날 스승님께서 말씀하셨습니다.

"세상은 병들어 있고 그 고통이 위중하다.

병의 원인이 마음에 있음을 알고

그 마음을 내려놓는 훈련을 할 때

치유할 수 있다는 것을 안다면,

병중에 한 줄기 빛이 되지 않겠는가?

아픔을 통하여 얻어야 할 것은 깊은 신성의 평화라는 것을,

인간의 육체는 아름다운 사랑의 작용체라는 것을,

알 수 있다면 얼마나 좋겠는가.

그러하니 신께 여쭈어

많은 질병에 대한 원인이 되는 마음과

그것을 치유하여 얻을 수 있는 마음을 알아보자.

그리하여 자신의 마음에서 병의 원인을 찾아

서로 위로하고 사랑할 수 있다면,

인류가 더욱 건강하게 성장하고 성숙할 수 있지 않겠느냐?

내가 너희에게 그러하였듯이

깊이 사랑하는 마음으로

그들의 몸을 들여다보고 고통을 헤아리거라."

차례

14   신의 말씀

16   스승님의 말씀

18   이 책의 활용 방법

ㄱ

22   **[간]** 간경화 | 간염 | 황달

24   **[간질(뇌전증)]**

25   **[감염]** 수족구병 | 식중독 | 장티푸스 | 질염 | 쯔쯔가무시병 | 파상풍

28   **[고혈압]**

29   **[골다공증]**

30   **[골반(고관절)]** 좌골신경통(골반통)

32   **[골수]**

33   **[골절]**

34   **[관절]** 발목 | 석회화 | 손목 | 연골 | 탈골 | 터널증후군 | 통풍

37   **[궤양]**

38   **[귀]** 난청 | 메니에르병 | 이명 | 이석증 | 중이염

41   **[근육]** 건초염 | 근육통 | 근육파열 | 인대(파열, 늘어남)

43   **[급성질환]**

ㄴ

46   **[난소]** 난소낭종 | 다낭성난소증후군 | 배란통 | 조기폐경

48 **[뇌]** 뇌수막염 | 뇌졸중 | 뇌종양 | 뇌진탕

50 **[눈]** 결막염 | 근시 | 난시 | 녹내장 | 다래끼 | 망막증 | 백내장 |
　　　 비문증 | 사시 | 안구건조증 | 야맹증 | 원시

56 **[다리]**

57 **[당뇨]**

58 **[대장]** 과민성대장증후군 | 변비 | 복부팽만(가스통) | 설사 | 크론병 |
　　　 혈변

61 **[동맥경화증]**

62 **[두통]**

63 **[등]**

66 **[루게릭병]**

67 **[류마티스성]**

70 **[만성질환]** 만성통증증후군(근막통증증후군) | 만성피로증후군

72 **[맹장]**

73 **[목]** 성대결절 | 인후통 | 편도결석 | 편도선염

75 **[무릎]**

ㅂ

78 **[바이러스]** 감기 | 대상포진 | 풍진 | 헤르페스성포진

80 **[발]** 발가락

82 **[방광]** 방광염 | 야뇨증 | 요실금

84 **[비장(지라)]**

85 **[빈혈]**

86 **[뼈]** 구루병

ㅅ

90 **[상처]** 교상(동물에 물린 것) | 타박상

92 **[생식기]** 무정자증(정자관련) | 발기부전 | 성병 | 요로결석

94 **[소장]**

95 **[손]** 손가락

97 **[수면 관련 질환]** 기면증 | 불면증 | 수면보행증(몽유병)

99 **[스트레스성 신경질환]** 만성딸꾹질

101 **[신경계의 질환]** 수전증 | 수족냉증 | 안구진탕증 |
                     안면마비(구안와사)

103 **[신장]** 만성신질환(혈액투석) | 신우신염 | 신장결석 | 신증후군

105 **[심장]** 심근경색 | 심부전증

107 **[쓸개]** 담석증

ㅇ

112 **[알레르기]** 동물알레르기 | 식물알레르기 | 음식알레르기 |
                     햇빛알레르기

114 **[암]**

115 **[어깨]** 오십견

117 **[에이즈]**

118 **[열병]**

119 **[염증]**

120 **[용종]**

121 **[위장]** 고도비만 | 소화장애 | 위경련 | 위염 |
　　　　저체중(살이 안찌는 체질)

124 **[유방]** 유선염

126 **[임신 관련 질환]** 난임(불임) | 유산 | 입덧 | 자궁외임신

129 **[입]** 구내염 | 구취 | 혀

ㅈ

134 **[자궁]** 골반염 | 생리불순 | 생리통 | 자궁근종 | 자궁내막증 |
　　　　자궁탈출

137 **[저혈압]**

138 **[전립선]**

139 **[전염병]** 흑사병 | 콜레라 | 사스 | 코로나

142 **[절단]**

143 **[정신질환]** 과호흡 | 난독증 | 다중인격장애 |
　　　　마리앙투아네트증후군 | 불안장애(공황장애) | 빙의 |
　　　　섭식장애 | 조울증(양극성장애) | 조현병(정신분열) |
　　　　주의력결핍과잉행동장애(ADHD) | 중독(흡연, 알코올) |
　　　　치매 | 특정 공포증 | 틱장애

148 **[직장]**

ㅊ

152 **[척추]** 꼬리뼈(미추) | 뒷목(경추) | 등허리(흉추·요추) | 척추측만증 | 추간판 탈출증(디스크)

155 **[췌장]** 췌장염

157 **[치아]** 덧니 | 발치 | 부정교합 | 잇몸질환 | 충치

ㅋ

162 **[코]** 비염 | 비중격만곡증 | 축농증

ㅌ

166 **[탈장]**

167 **[턱]**

ㅍ

170 **[파킨슨병]**

171 **[팔]**

172 **[폐]** 기흉 | 만성기침 | 천식 | 폐결핵 | 폐렴 | 폐부종

175 **[피부]** 건선 | 괴사 | 기미 | 농가진 | 다한증 | 동상 | 무좀 | 백반증 | 비늘증(어린선) | 사마귀 | 소양증 | 습진 | 아토피 | 액취증 | 어루러기 | 여드름 | 종기 | 탈모 | 티눈

ㅎ

184   **[항문]** 치질

186   **[혈액]** 림프 | 백혈병 | 저혈당 | 패혈증 | 하지정맥류 | 혈액순환장애

189   **[호르몬]** 갑상샘저하증 | 갑상샘항진증 | 성조숙증

191   **[화상]**

192   에필로그

196   찾아보기

신의 말씀

세상은 함께 돌아간다.

단 1초도 홀로인 것이 없다.

하지만 이러한 진리를 모르면 '혼자'라고 생각한다. 몰라서 고독하고 몰라서 외롭고 몰라서 행복하지 않다. 단 한 번도 우리는 홀로 존재한 적이 없는데 이것을 모르니 내 몸도 홀로 생겨난 것으로 착각한다. 그래서 나의 몸을 진실로 사랑한다는 것이 무엇인지 모른다.

나의 마음이 방치되어 있으니 몸에 병이 찾아온다.

몸의 병은 마음을 몰라줘서 생겨난 것이다. 그렇다면 우리는 알아야 한다. '몸에 생겨난 병은 마음에서 왔구나. 마음에서 왔으니 그 마음을 알아줘야겠네' 하고 말이다. 이것이 함께하는 것의 시작이다. 마음을 알고 몸을 알면 '함께, 서로, 다 같이'가 된다. 그것을 우리는 '일체'라 한다. 몸과 마음이 일체를 이루어야 세상이 돌아가는 이치를 깨닫는다.

몸과 마음이 일체를 이루기 위해서 알아야 하는 건 단 한 가지다.

알아주는 마음이다. 몰라서 '함께'가 안 되었으니, 알면 '하나'가 된다. 그

것이 사랑이다. 땅이, 하늘이 사랑하여 하나 되는 것을 원한다.

이 책은 몸과 마음이 하나라는 것을 일깨워 주기 위한 지침서이다.
간단한 진리이지만 모르기에 몇 겁을 윤회한다.
끊임없이 돌고 돌아야 하는 고된 인생살이를 바꿔 줄 강력한 광명이 될
것을 확신한다.
당신이 고통에서 벗어날 그날을 위해 간절한 마음을 담아 본다.

알아야 보이고, 보여야 사랑할 수 있다.
알 수 있길, 볼 수 있길
그래서 사랑하길 바라노라.

스승님의 말씀

무엇을 깨닫는다는 말인가?

모든 것은 마음에서 시작되어 마음으로 끝난다는 것을 안다는 것이다.

알면 어찌되는가?

이 몸이 온전한 신성의 안식처라는 것을 알게 된다.

그리고 이 몸이 완전한 신성의 작용체라는 것을 알게 된다. 마음 한자리의 차이가 내 몸의 정체성을 좌우한다는 것이다.

내 마음이 신인 줄 알아 온 우주를 품으면 어찌 되는가?

아주 성스럽고 아름다운 육체의 오감을 갖게 된다. 보고 듣고 맛보고 맡고 느껴지는 모든 것을 우주적 환희로 경험한다. 온 우주가 내 속에서 출렁이며 온갖 환희로움과 황홀함이 몸을 통하여 실체적으로 작용하게 된다. 그때 몸은 완성된다.

오직 대광명으로 인한 온전한 기쁨과 청정함과 깊은 평화만이 존재한다.

신께 답을 구하다

몸은 그대로 신의 성전이요, 신성의 작용체다. 신의 성스러움으로 천국의 아름다움으로 극락의 즐거움으로 자족한 존재가 서로 만나면 우주적으로 대폭발하는 에너지 작용이 일어난다. 이것이 깨달은 자들의 만남이다.

그런 존재가 되길 간절히 바란다.

이것이 당신이 존재하는 이유이다. 아름다움의 극치와 건강한 육체에서 오는 신성의 황홀한 작용성을 아는 것이 육체가 존재하는 이유다.

당신이 이러할 때

부모와 배우자와 자녀와 모든 인연과 완전한 하나를 이루어 더 이상 원함이 없는 최상의 기쁨을 누릴 수 있다.

이것의 시작은 당신의 마음에서부터이다.

이 책의 활용 방법

“이 책을 든 당신의 몸과 마음에 강력한 치유의 에너지가 임합니다.”

‘원인 되는 마음’은 병이 나타났을 때, 또는 병이 오기 전의 마음을 알려준다. 오랜 시간 동안 지녔던 마음일 수도 있고, 잠깐 스쳐갔던 마음일 수도 있다. 그런 마음들을 세세히 알려줌으로서 발병의 원인을 짐작할 수 있다. 그뿐만 아니라, 나도 몰랐었던 나의 마음을 앎으로서 큰 위로와 치유가 될 것이다.

‘나를 바라보는 타인의 마음’은 주변의 사람들이 나를 보면서 느꼈던 마음을 알려준다. 사람은 관계를 맺으면서 살기에 나의 마음에 따라 발생하는 타인의 마음은 당연히 따라오는 순서이다. 마음은 에너지기에 타인의 마음은 나에게도 어떠한 힘으로 작용된다. 그렇기에 나의 마음을 살피는 것만큼 중요한 것이 타인은 나를 어떻게 바라보는지를 아는 것이다. 글을 읽으면 타인을 이해함과 동시에 알 수 없었던 타인의 마음을 알게 된다.

‘새로운 마음’은 병고라는 과정을 거쳐서 새롭게 성장해야 하는 마음이다. 그리고 동시에 힘들었던 나의 마음을 치유해 주는 말이기도 하다. 그 문구를 가슴 속에 잘 새겨 성장한다면 더 이상 같은 아픔은 반복되지 않을 것이다. 그리고 지난했던 괴로움의 시간을 보내고 훌쩍 커 있는 나를 반드시 마주할 것이다.

'전생'은 고통을 겪고 있는 무수한 사람들의 전생을 훑어본 뒤, 공통적 업(카르마)이 있는 생을 설명하였다. 신께서 실로 많은 전생을 살피어 정리하여 주셨다. 전생에서의 마음은 업(카르마)을 얘기한다. 이 카르마를 풀어내기 위해 우리의 몸은 병고의 과정을 겪는다. 그 고통을 이겨내고 '새로운 마음'을 얻는다. 이때 우리는 전생의 업을 청산하고 성장한다.

'주문'은 나의 마음과 몸을 평안히 해 주는 장치이다. 몸이 고통스럽고 마음이 고통스러울 때, '주문'을 외우면 평화와 안식을 경험할 수 있다. 소리를 내어 읽어도 좋고 마음에 새기며 외워도 좋다. 어떤 방식을 사용하든지 심신에는 평화와 사랑으로 가득할 것이다.

앓고 있는 질병에 관한 사랑의 말들을 정확히 읽을 수 있는 방법은, 부위와 증상을 함께 참고하는 것이다. 예를 들어 손가락이 부러졌다면 '손'과 '손' 아래 항목에 있는 '손가락'과 '골절'을 함께 보는 것이 가장 좋다.

이 책은 비단 육체의 병고를 위해서만이 아니라, 내 마음을 알 수 없을 때, 다른 이의 마음을 몰라 전전긍긍할 때, 다툼이 있을 때, 위로의 방법을 모를 때에도 큰 도움이 된다. 처음부터 끝까지 꼼꼼히 살펴 읽었을 때, 이 책 속에 있는 모든 사랑과 지혜는 사람들과의 관계를 위한 만병통치약이 되어 줄 것이다.

나의 몸은 작다 하나
의식은 우주의 모든 것을 품는다.
병은 존재를 구속하고 지배하기 위한 것이 아니라,
존재의 가슴을 보호하고 열어가는 방편이라는 것을
알아야 한다.

– 스승님 말씀 중에

간

원인 되는 마음

· 마음에 들지 않는 상황을 많이 경험함
· 마음에 들지 않는 사람을 경험함
· 불쾌한 상황이 생겨 불편함

나를 바라보는 타인의 마음

· 스스로 몰입하는 사람
· 스스로 고립되는 사람
· 참을성이 부족한 사람

새로운 마음

· 긍정의 힘에 대한 믿음
· 기다리면 무엇이든 이루어진다
· 사람, 상황을 무던하게 볼 수 있다

전생

· 타인의 공을 가로챘던 삶의 카르마

주문

"범사에 즐거움과 감사함으로 충만하다."

신께 답을 구하다

간	원인 되는 마음	새로운 마음
간경화	· 남 탓 하는 마음 · 지시받는 게 괴로움 · 내 뜻대로 해야 직성이 풀림 · 당황스러움을 견디지 못함	· 폭 넓게 보고 오래 보아야 한다 · 그때는 옳았던 것이 지금은 아닐 수 있다 · 나는 항상 준비되어 있다
간염	· 지독한(앙칼지고 모진) 마음 · 불안한 마음 · 새로운 것에 대한 두려움 · 실직, 이직을 경험 (또는 겪을까 두려움)	· 나를 사랑으로 감싸 안을 수 있다 · 하는 일에 보람을 느낄 수 있다 · 하고 싶은 일을 용기 있게 해낼 수 있다
황달	· 지긋지긋한 삶에 대한 분노 · 삶에 기대가 없음 · 내가 처한 상황이 당혹스러움 · 스트레스가 극에 달함	· 명상에 든 것과 같은 완전한 휴식 · 다양한 매개체로 세상을 간접적으로 체험(모든 경험이 직접적일 필요는 없다) · 모든 생각은 행동할 때 완성된다 · 삶의 가치는 성실할 때 높아진다

ㄱ

간질(뇌전증)

원인 되는 마음

- '잘 해'라는 주변의 강요가 나를 억압한다고 느낌
- 잘 하고 싶지만 뜻대로 되지 않아, 불안하고 긴장됨
- 사람, 상황, 동물 등에 대한 공포
- 자신도 모르는 깊은 두려움 또는 분노

나를 바라보는 타인의 마음

- 안 된다는 것을 모르는 사람
- 자신을 과대평가하는 사람
- 조바심을 내어, 상황을 어수선하게 만드는 사람

새로운 마음

- 있는 그대로를 누릴 때, 해방감을 얻을 수 있다
- 관조하면 여유롭다
- 결과에 연연하지 않을 때 마음이 편안해진다

전생

- 아랫자를 압박해 고통을 줬던 삶의 카르마

주문

"나는 여유로움으로 충만하다."

감염

원인 되는 마음

· 이곳저곳에 간섭하여 해결해 주고 싶음
· '내가 하면 더 잘할 것 같은데'라고 생각함
· 타인에게 도움되길 바라는 마음

나를 바라보는 타인의 마음

· 부담스러운 사람
· 나를 아이 취급하는 것 같아, 불쾌한 사람
· 까다로운 사람

새로운 마음

· 타인이 서툰 이유는, 그것으로 인해 성장하기 위해서다
· 타인이 성장할 기회를 주기
· 상황이 흘러가는 대로 바라보는 마음

전생

· 다재다능했으나, 그 능력을 발휘하지 못해 한이 됐던 삶의 카르마

주문

"나의 능력을 행사하지 않아도 타인을 충분히 즐겁게 해 줄 수 있다."

감염	원인 되는 마음	새로운 마음
수족구병	· 설상가상의 상황 · 어디도 갈 수 없는 　상황(난감함) · 도와주는 이가 없다고 　생각함 · 일이 해결되지 않아 지침	· 깊은 안정이 필요할 때이다 · 보호받고 싶은 마음은 　아이와 어른, 모두 다 있다 · 사랑할 때, 사랑받을 수 　있다
식중독	· 급하게 풀어야 하는 　감정들이 존재함 · 실수하는 것에 대한 두려움 · 상황을 피하고자 하는 마음	· '전화위복이 될 것이다'라는 　믿음 · 안심하는 마음 · 막상 하면 아무것도 아니다
장티푸스	· 말 못할 고민이 많음 · 의욕이 상실됨 · 타인의 시선을 과하게 　의식함 · 포기하고 싶음 · 혼자라고 생각되어 외로움	· 이 세상에 나를 사랑하는 　사람은 반드시 존재한다 · 지금의 수고는 나의 거름이 　된다 · 단순함이 답이 될 때가 있다
질염	· 사건이 해결되지 않아 　답답함 · 지적하고 싶은 상대에게 　아무 말도 하지 못함(또는 　할 수 없음) · 피해의식의 마음 · 속내를 드러내지 못하는 　상황이 많음	· 편안한 마음가짐 · 모든 상황, 감정에서 벗어나 　고요한 마음 · 내 마음을 표현하는 것도, 　상대를 위한 배려다

신께 답을 구하다

감염	원인 되는 마음	새로운 마음
쯔쯔가 무시병	·안전 불감증 ·원하는 것을 급하게, 빨리 얻으려는 마음 ·대충 하려는 마음 ·(타인이 나를 볼 때) 착하기만 하고 성실하지 않음	·안전이 제일이다 ·바르고 정직한 마음 ·섬세하고 꼼꼼한 마음
파상풍	·내가 만든 결과를 인정받고 싶고 자랑하고 싶음 ·환경에 대한 무지 ·원치 않는 것을 강요당함 ·하기 싫음	·나와 관련된 것 외에도 관심 두기 ·나에게 주어진 일은 당연히 내가 해야 하는 일이다 ·그냥 하자

고혈압

원인 되는 마음

· 책임지기 싫음
· '내가 이것까지 해야 해?'라고 느낌
· 타인보다 내가 더 많이 한다고 느낌

나를 바라보는 타인의 마음

· 고수가 되고픈 하수같은 사람
· 과로를 일삼는 사람
· 일을 능률적으로 처리하지 못해서 일이 많은 사람

새로운 마음

· 합리적인 일처리와 그에 맞는 적절한 노동력이 나를 건강하게 한다
· 활기찬 생각과 적절한 활동
· 상황을 여러 관점으로 바라보기(시야 넓히기)

전생

· 아랫자를 사랑하지 못하고 이해하지 못했던 삶의 카르마

주문

"시비 분별하고자 하는 마음은 사라지고 그 자리에 사랑으로 가득 찬다."

신께 답을 구하다

골다공증

원인 되는 마음

· 주눅 드는 마음
· 자신 없는 마음(열등감)
· 타인의 도움을 작게 여김
· 중요한 순간에(또는 도움이 필요할 때) 함께할 사람이 없어 좌절함

나를 바라보는 타인의 마음

· 중요하다고 판단하는 순간이 다수와 다른 사람
· 일을 같이 하기 힘든 사람
· 눈치 없는 사람
· 타인의 감정에 무관심한 사람

새로운 마음

· 나는 나의 일에 자신 있다
· 일을 통해 성취감을 느낄 수 있다
· 가까운 사람에게 애정 표현하기

전생

· 나의 권력, 위치를 이용하여 타인을 무너뜨렸던 삶의 카르마
· 타인의 공을 가로챘던 삶의 카르마

주문

"나는 일상 속 크고 작은 만족으로 행복하다."

골반(고관절)

원인 되는 마음

· 타인을 내 마음대로 주관하고 싶음
· 공평 정대해야 하는 상황에서 사심으로 판단함
· 나에게 무언가를 요구하는 사람이 많음

나를 바라보는 타인의 마음

· 호불호가 강한 사람
· 사람을 미워하는 마음이 많은 사람
· 편협적인 사람

새로운 마음

· 관계 속에서 여유로운 마음
· 대소사에 관대한 마음
· 하나에 집중하여 흔들리지 않는 마음

전생

· 질투로 타인을 다치게 했던 삶의 카르마

주문

"내 마음은 여여하다."

신께 답을 구하다

골반 (고관절)	원인 되는 마음	새로운 마음
좌골 신경통 (골반통)	· 하는 일이 많다고 느낌 · 도와주는 사람이 없다고 　느낌 · 티끌 모아 태산 만들려는 　마음 · 아랫사람이 불편함 · 쉴 시간 없이 움직임	· 나는 소중한 존재다 · 나는 존중받고 있다 · 주변을 살필 힘은 　'여유로움'에서 온다

골수

원인 되는 마음

- 내 성취를 위해 상황을 조장함(또는 하려 함)
- 내 것을 주장하는 마음
- 내 것으로 만들고 싶음

나를 바라보는 타인의 마음

- 욕심이 많은 사람
- 의지가 약한 사람
- 신체가 약한 사람
- 예민한 사람

새로운 마음

- 모든 상황을 푸근하게 보아 내는 '너그러운'마음
- 내 것을 베푸는 마음
- 타인을 인정하는 마음

전생

- 몸이 아파, 타인(가족)의 도움을 많이 받았지만 본인은 부족하다고 느꼈던 삶의 카르마

주문

"나에게 오는 모든 것들로부터 나는 충분히 충족된다."

신께 답을 구하다

골절

원인 되는 마음

· 관계를 강력하게 거부하는 마음
· 상황에서 강력하게 벗어나고 싶음
· 현실에서 강력하게 회피하고 싶음

나를 바라보는 타인의 마음

· 현재 상황을 급하게 정리하고 싶어 하는 사람
· 외면하고 싶은 사람
· 강한 척하는 사람
· 불성실한 사람

새로운 마음

· 상황을 극복하기 위해 인내하는 마음
· '괜찮아 잘 될 거야' 하고 믿는 마음
· '이 또한 지나가리' 기다리는 마음

전생

· 자신의 감정을 주체하지 못해 분노하여, 타인에게 두려움을 줬던 삶의
  카르마

주문

"나에게 일어나는 상황과 내 마음을 정확하게 볼 수 있다."

관절

원인 되는 마음

· 성과를 내면 더 이상 뒷일을 돌보지 않음
· 지구력이 약함
· 모든 것은 내 손을 거쳐야한다고 여김(과한 자신감)

나를 바라보는 타인의 마음

· 베풀지 않고 받는 것만 좋아하는 사람
· 때를 잘 맞추지 못하는 사람(너무 느리거나 빠르거나)
· 일을 배분하지 못하는 사람

새로운 마음

· 조바심 내지 않고, 편안하게 기다리는 마음
· 주위 사람을 돌보는 마음
· 애정 어린 관심의 마음
· 사랑은 타이밍이다

전생

· 배신당하거나 또는 거짓말로 관계의 단절을 경험했던 삶의 카르마

주문

"나는 타인의 훌륭한 조력자다."

신께 답을 구하다

관절	원인 되는 마음	새로운 마음
발목	·상황으로부터 단절됨 ·자신감 결여 ·더딘 상황으로 결과가 나오지 않아 위축됨 ·기죽어서 일이 진행되지 않음 ·육체의 건강을 과신함	·삼보 전진을 위한 일보 후퇴 ·내려놓을 때, 편안해진다 ·강함은 한 순간에 부러지지만, 부드러움은 오래간다
석회화	·모든 상황에 관여하고 싶음 ·사람들 사이에 끼고 싶음 ·좋은 결과를 내기위해 조바심을 냄 ·견디는 마음	·나는 신의 사랑으로 충분하다 ·결과보다는 과정이 중요하다 ·타인의 평가보다 내 만족이 먼저다
손목	·깊은 우울감 ·인정받지 못한다는 것에 나도 모르게 분노함 ·무시받고 있다고 느낌	·속마음을 잘 표현하는 것은 자존감을 높이는 방법이다 ·인정하면 존중받는다 ·오늘의 생각은 오늘 끝낼 수 있다
연골	·관계에 지친 사람 ·첫째 또는 막내로서 많은 의견을 듣고 수용해야 하는 사람 ·일상의 지겨움 ·나를 표현하고 싶은데 안 되는 상황	·피해자 또는 책임자라는 생각이 아닌, '나는 내 역할을 충분히 잘 수행하는 멋있는 사람이다'라고 생각하기 ·나는 충분히 사랑받고 있다 ·감사하면 감사할 일이 생긴다

관절	원인 되는 마음	새로운 마음
탈골	·구슬픈 상황이 생김 ·애써 참음 ·처리할 일이 많음 ·안 좋은 일이 생길까 봐 　두려움, 긴장함 ·듣기 싫은 소리를 많이 들음 ·거부하는 마음	·날마다 새롭게 환기하는 　마음 ·나는 충분히 보호받고 있다 ·수용하면 안심된다
터널 증후군	·실패가 반복됨 ·대가가 적다고 느낌 ·하기 싫음 ·압박받음 ·반복되는 것이 지겨움	·익숙함이 주는 여유로움이 　있다 ·깊은 휴식이 나를 활기차게 　한다 ·안정되어 편안하다
통풍	·많은 것을 감당한다고 　생각함 ·견디기 어려운 것을 　견딘다고 생각함 ·안 되는 것에 대한 두려움 ·(타인이 나를 볼 때) 소통의 　부재를 느낌	·스스로를 믿을 때, 굳세어져 　두렵지 않다 ·좋은 관계를 위해서는 　과감함도 필요하다 ·단순한 생각이 빠른 　일처리를 가능하게 한다

신께 답을 구하다

궤양

원인 되는 마음

· 참는 게 미덕이라고 여김
· 많은 상황을 심각하게 여김
· 미안하다 못해 죄책감을 느낌
· 답답한 마음을 터뜨리고 싶은데 방법을 모름

나를 바라보는 타인의 마음

· 답답한 사람
· 미련한 사람
· 많은 걸 감당하는 사람(맡은 역할이 많은 사람)

새로운 마음

· 주고받음에 익숙해지기
· 상황을 인내하는 것이 아닌 이해하고 받아들이기
· 포기하면 수고를 덜 수 있다

전생

· 타인의 자식을 다치게 했던 삶의 카르마
· 타인의 소중한 것(사람, 일, 환경 등)을 앗았던 삶의 카르마

주문

"나의 머리부터 발끝까지 뜨거운 환희와 황홀로 가득 찬다."

귀

원인 되는 마음

· 내 약점을 들킬까 봐 두려움
· 타인의 말을 잘 들어줘야 하는데, 들어주지 않음
· 윗사람을 비판하고 비방함

나를 바라보는 타인의 마음

· 한 귀로 듣고 한 귀로 흘리는 것 같은 사람
· 타인의 말을 중요하게 생각하지 않는 사람
· 많은 일을 혼자 다 하는 사람
· 촌철살인을 잘 하는 사람

새로운 마음

· 편안한 마음가짐
· 솔직하게 말하기
· 귀 기울여 듣기

전생

· 타인이 나의 눈치를 살피게 했던(쉽지 않은 사람이었기에) 삶의 카르마

주문

"나는 주고받음으로써 성장한다."
"나는 경청(내가 타인을, 타인이 나를)하는 마음으로 충만하다."

신께 답을 구하다

귀	원인 되는 마음	새로운 마음
난청	· '나 혼자 다 할 수 있어!'라고 생각함 · 상대를 가르쳐주는 것보다 내가 다 하는 것이 배려라고 생각함 · 만족이 없음 · 자타공인 완벽주의	· 조화로운 마음 · 함께하는 마음 · 나의 여유는 타인을 움직이게 한다
메니에르병	· 어리광부리고 싶음 · 불리한 상황을 모면하고 싶음 · 내 의견을 정당화시켜야 한다는 강박	· 나의 마음을 자세히 돌아보기 · 말이 아닌, 마음에 집중하여 신중할 것 · 정면 돌파하기
이명	· 마음을 자주 바꿔 타인에게 혼란을 야기함 · 피곤함을 느낌 · 혼자 있고 싶음 · 쉬고 싶음 · 공허한 마음 · 귀찮은 마음	· 나는 생기로 가득하다 · 피로가 모두 걷힌 나는 개운하다 · 오수의 즐거움
이석증	· 긍정도 부정도 할 수 없는 상황 · 답은 나와 있지만 어떻게 해야 할지 모름 · 인정할 수 없는 마음	· 나는 분명하게 행동할 수 있다 · 나의 선택을 확신한다 · 안정된 마음 · 정확한 마음

귀	원인 되는 마음	새로운 마음

중이염	· 상황들을 심각하게 여김
	· 좌절하여 괴로움
	· 새로운 상황에 적응이
	  어려움
		· 경청은 나와 타인을 돕는
		  것이다(경청은 해결을
		  위함이 아니다)
		· 타산지석의 마음
		· 시작은 원래 서툴다
		· 가벼운 마음일수록 상황을
		  쉽게 해결할 수 있다

신께 답을 구하다

근육

원인 되는 마음

· 자만심(고집스러움)
· 좌절감(자만이 꺾임)
· 사기당함(배신을 느낌)
· 타인으로부터 거절당함

나를 바라보는 타인의 마음

· 고집이 센 사람
· 나 아니면 안 된다고 생각하는 사람
· 조바심을 많이 내는 사람

새로운 마음

· 작은 일에도 뿌듯함이 있다
· 육체의 휴식을 중요시 여기는 마음
· 나의 틀(루틴)에서 벗어나도, 아무 일도 일어나지 않는다

전생

· 많은 일을 벌이고 수습하지 못해, 많은 사람에게 원망을 받았던 삶의
  카르마

주문

"나는 충분히 휴식을 취할 수 있다."

근육	원인 되는 마음	새로운 마음
건초염	· 보호해야 할 것이 많아짐 · 친절해야 한다고 생각함 · 지나치게 신경 쓰는 마음 · 몸을 사리지 않고 일을 함	· 작은 일에도 만족을 느낄 수 있다 · 함께하는 즐거움을 알 수 있다 · 도움을 청하는 것도 지혜다
근육통	· 의도대로 풀리지 않는 상황에 슬픔 · 노력에 비해 성과가 적어 실망스러움 · 심신이 고됨 · 만사 귀찮음	· 내가 한 일이 자랑스럽다 · 육체의 휴식을 중요시 여기는 마음 · 나의 노력은 헛되지 않다
근육파열	· 하는 일에 한계가 옴 · 현재 상황을 견디기 힘듦 · 나를 도와줄 사람이 없어 절망스러움	· 앞일에 대한 기대로 활기차다 · 육체의 휴식을 중요시 여기는 마음(휴가) · 고생의 가치는 반드시 있다
인대 (파열, 늘어남)	· 잘하고 있다고 보여 주고 싶은 마음 · 참지 못함 · 혼자 잘할 수 있는데 간섭한다고 느낌 · 억눌린 마음을 표출하고 싶음 · 눈치 보는 마음	· 절제(과유불급) · 상생(함께하는 기쁨) · 능숙할수록, 처음처럼(초심을 잃지 마라)

신께 답을 구하다

급성질환

원인 되는 마음

· 결과를 중요하게 생각함
· 단호하고 매정한 태도
· 굳은 결심을 해야 하는데, 갈등됨

나를 바라보는 타인의 마음

· 말로 상처를 주는 사람
· 서두르는 사람
· 결과에 집착하는 사람

새로운 마음

· 나의 행위와 말은 다양한 결과를 만든다(다양성)
· 융통성과 시야 확보(넓게 보는 마음)의 중요성을 아는 마음
· 말 한마디에 천 냥 빚도 갚는다

전생

· 일을 너무 신중하게 해서, 타인을 답답하게 했던 삶의 카르마
· 일에 집착하여 가족들에게 금전적 손해를 줬던 삶의 카르마

주문

"귀를 열고 마음을 열면, 모든 일이 일사천리로 진행된다."

L

나는 깊은 의식 차원에서
신과 강력하게 연결되어있습니다.

우리는 날마다 보다 더
생명력 넘치고 활력 넘치는 삶을 삽니다.

우리는 항상 기쁘고 행복으로 충만합니다.

우리는 범사에 신의 보호하심으로
항상 건강합니다.

우리는 범사에 신의 보호하심으로
항상 지혜가 가득합니다.

행하는 모든 일에 은혜가 충만합니다.

이 모든 것이 그대로 이루어질 것을 확신합니다.

- 대광명전달 명상 중

난소

원인 되는 마음

· 중요한 일을 맡음
· 절대 그르치는 일이 없어야 한다고 생각함
· 계획적, 규칙적인 일이 버거움
· 나의 성향과 기질을 감춰야 하는 자리가 많음
· 갇혀 사는 것 같은 답답함

나를 바라보는 타인의 마음

· 일이 많아서 항상 지쳐 있는 사람
· 호불호가 강한 사람
· 친해지기 어려운 사람

새로운 마음

· 소통과 교류는 즐거운 것이다
· 함께 일할 때, 더욱 능률적이다
· 나는 충분히 잘 하고 있다
· 인생은 주는 것만큼 받는 것이 있다

전생

· 타인의 사랑을 빼앗았던 삶의 카르마
· 미래에 대한 계획을 세웠는데 일순간에(전쟁, 이사, 역병, 배신 등으로)
  무산되었던 삶의 카르마

주문

"나는 충분한 휴식으로 심신이 안정될 수 있다."

신께 답을 구하다

난소	원인 되는 마음	새로운 마음

난소낭종	· 사람을 소유(집착)하고 싶음
	· 일을 그르쳐 스트레스가
	  심함
	· 나와 상대의 관계에 난입한
	  제3자에 대한 분노
	· 항상 희생한다고 생각함
		· 여유로운 마음
		· 나의 희생은 값진 것이다
		· 타인을 너그럽게 바라보기
		· '건강한 관계'란 무엇인가
		  생각해보기

다낭성
난소
증후군
	· 이것저것 신경 쓸 것이 많아
	  결정을 쉽게 내릴 수 없음
	· 모든 사람에게 최선을
	  다하려고 함
	· (타인이 나를 볼 때) 일을
	  빠르게 처리하지 못하는
	  사람
	· (타인이 나를 볼 때)
	  이기적인 사람
		· 모든 상황을 이해하지
		  않아도 된다
		· 모든 이를 사랑할 수는 없다
		· 포기할 때, 일이 해결된다

배란통	· 희생하고 있다고 생각함
	· 내 것에 대한 집착(애착)
	· 나의 내면은 누구도 알지
	  못한다고 생각함
	· 나의 수고에 대해 보상받고
	  싶음
	· 갑자기 혼자가 된 것 같음
	· 사랑받지 못해 아픔
		· 희생은 아름다운 것이다
		· 솔직함도 매력이다
		· 나의 수고는 나를 빛나게
		  한다

조기폐경	· 내 편이 없다고 생각함 · 진퇴양난의 경험이 많음 · 모든 상황이 멈췄으면 하는 마음	· 시작의 설렘 · 눈부신 앞날에 대한 기대감 · 휴식은 나의 즐거움

뇌

원인 되는 마음

· 현재 삶이 마음에 들지 않아, 거부하고 싶음(또는 거부함)
· 자신에 대한 불만족
· 옳고 그름, 호불호를 강력히 주장함

나를 바라보는 타인의 마음

· 교만한 사람
· 세상에 불만이 많은 사람
· 자기주장이 강한 사람

새로운 마음

· 인생을 계획하지 않아도 즐거움은 존재한다
· 지금 나의 짐은 '내려놓음'을 연습하기 위함이다
· 넓게 볼 때 편안하다

전생

· 정체성을 부정하고 다른 삶을 살았던 삶의 카르마(간신, 매국노, 이중
  스파이, 불륜 등)

주문

"내 마음은 투명한 맑음으로 가득 찬다."

뇌	원인 되는 마음	새로운 마음
뇌수막염	· 두 사람 사이에서 갈등하는 마음(이러지도 저러지도 못함) · 두 가지 일을 동시에 해결해야 하는 상황을 겪음 · 사람에 대한 극심한 고통	· 가만히 있어도 좋아 · 정말로 내가 원하는 것은 무엇인가 · 소소함도 나를 행복하게 만들 수 있다
뇌졸중	· 보호자가 나를 사랑하지 않는다고 생각함 · 나를 배신할 것 같은 두려움 · 의심이 많아 사람을 믿지 못함	· 나는 나로서 온전함을 느낄 수 있다 · 나는 내 마음 보듯이 타인의 마음을 볼 수 있다 · 믿음이 나를 치유한다
뇌종양	· 특별한 것(상황, 구성원 등)을 기대하는 마음 · 현실과 동떨어진 이상을 꿈 꿈(꿈꾼다) · 고심해야 할 일이 많음	· 주어진 환경과 조건에 감사하기 · 모든 것은 자연스럽게, 순리대로 흘러간다 · 순응하면 편안하다
뇌진탕	· 난감한 상황을 많이 경험함 · 알 수 없는 마음이 많음(과부하) · '아무것도 아니네'라고 쉽게 생각함	· 나의 경험은 모두 값진 것이다 · 사소한 일은 지나칠 수 있다, 지나쳐도 된다 · 선택권을 타인에게 주는 것도 지혜로운 것이다

눈

원인 되는 마음

· 나에게 일어나는 모든 것을 심각하게 여김
· 일어나지 않은 일을 걱정함(두려움이 많음)
· 내가 본 것은 확실하다고 여김

나를 바라보는 타인의 마음

· 자기 것만 중요하다 여기는 사람
· 타인의 고민을 가볍게 여기는 사람
· 타인의 시선을 과하게 의식하는 사람

새로운 마음

· '일반적', '통상적', '평범함', '통계학적' 것들이 존재하는 이유가 있다
· 제대로 보아야 정확하다
· 고민을 나누면 사라진다

전생

· 루머를 퍼트렸던 삶의 카르마("내 눈으로 봤는데, 내가 봤는데")
· 눈속임으로 사기 쳤던 삶의 카르마

주문

"나는 내가 원한다면 모든 것을 볼 수 있다."

신께 답을 구하다

눈	원인 되는 마음	새로운 마음
결막염	· 과로 · 안주하는 마음 · 보기 싫은 마음 · 일이 많은 것에 대한 불만 · 하기 싫은 마음	· 천천히 하나씩, 차근차근의 중요성 · 기쁨은 사소한 즐거움에서 시작된다 · 나의 관심이 타인에게는 간섭일 수도 있다
근시	· 급격한 감정변화가 스스로 감당 되지 않음 · 대인관계를 맺는 것이 힘에 겨움 · 보호자가 나에게 참견하는 것이 싫음	· 나는 어디에서든 자유로울 수 있다 · 안정적인 심리는 마음을 편안히 할 때 가능하다 · 모든 일을 '해야 하는 일'이 아닌 '하고 싶은 일'이다 생각하기
난시	· 예고 없이 마주하는 상황들이 두려움 · 포기하고 싶음 · 시간이 흐르는 게 싫음	· 강한 집중력이 강한 정신력을 만든다 · 앞으로 다가올 미래에 설렐 수 있다 · 자세히 보면 아름답다
녹내장	· 내 말을 따르지 않는 것을 염려함 · 위의 마음이 예민함으로 표현됨 · (타인이 나를 볼 때) 신경질적인 사람 · 집안 대소사에 대한 책임감	· 규정 짓는 마음에서 벗어나기 · 모든 결정을 내가 하지 않아도 된다 · 현재를 바르게 보는 마음

눈	원인 되는 마음	새로운 마음
다래끼	· 감당하지 못해 나약해짐 · 가까운 사람에게 상처받음 · 당황스러운 일을 겪음	· '별 일 아니야'라고 넘기는 마음 · 쉬운 일도 있다 · 마주하면 아무 일도 아니다
망막증	· 편 가르려 하는 마음 · 눈 감아 줄 일이 많음 · 가슴 아픈 일이 많음	· 쉽게 생각할 수 있다 · 쉽게 말할 수 있다 · 모든 것은 마음먹기에 달려 있다
백내장	· 미워하는 마음 · 숨기고 싶은 마음 · 보고 싶지 않음 · 수치심 · 과한 신경 씀	· 흘러가는 대로 자연스럽게 놔 둘 수 있다 · 나의 사고에서 벗어난 자유로움 · 봐 주는 마음(눈감아 주는 마음, 너그러운 마음)
비문증	· 미리 대비, 염려하는 마음 · 갑작스럽게 걱정이 많아짐 · 급격한 체력 저하 · 꼴불견의 상황을 겪음 예) 상대의 바람 목격	· '날마다 새롭다'라고 믿는 마음 · 가뿐하게 하루를 시작할 수 있다 · 웃으면 복이 온다
사시	· 부모에 대한 원망 · 다양성 중시(쾌락 중시) · 두 마리 토끼를 다 잡고 싶음(과한 욕심) · 욕심을 채우고 싶음 · 미워하는 마음	· 나는 정다운 사람이다 · 모든 것에 감사한 마음 · 긍정적인 생각

신께 답을 구하다

눈	원인 되는 마음	새로운 마음
안구 건조증	· 챙겨야 할 사람(상황)이 많음 · 책임을 다하지만 힘에 부침 또는 · 과한 욕심 · 많은 것을 누리고 싶음 · 사적인 것을 궁금해함	· 깊이 휴식하면 평안을 느낄 수 있다 · 주위에 도움을 청하여 함께 나아가는 것은 즐겁다 또는 · 내 삶에 집중 · 철학적 사유는 내 삶에 집중할 수 있는 힘을 준다 · 침묵도 대화의 일부다
야맹증	· 건강 염려증 · 구성원이 못 미더움 (책임을 다하지 못할까 봐) · 내 일을 방해하는 사람이 많다고 생각함 · 내 역할이 애매함 · 껄끄러운 마음	· 건강에 대한 안심 · 나와 남을 신뢰하는 마음 · 내 생각은 물 흐르듯이 자연스럽게 흐른다
원시	· 마주하기 싫은 상황이 반복 됨 · 나에게 책임이 오는 것이 부담스러움 · 피하고 싶은 것(사람, 상황 등)들이 많음	· 마주할 때, 해결된다 · 지금 해결하지 못한 것은, 다른 형태로 다시 나에게 온다 · 책임지는 것은 뿌듯한 것이다

세상사 잘못된 결과의 원인은
사랑받지 못함에 있다.
사랑받지 못해서 공허하고 아프고 괴롭다.

– 스승님 말씀 중에

다리

원인 되는 마음

· 타인의 의견을 받아들이지 않아 부딪힘(보수적)
· 발전, 진보의 마음 결여
· 자신의 페이스대로 하려는 마음

나를 바라보는 타인의 마음

· 소심한 사람
· 의욕만 넘치고 결과가 미흡한 사람
· 게으른 사람

새로운 마음

· 주변에 관심 가지기(지피지기면 백전백승이다)
· 나는 건재하다
· 넓게 보면 깊어진다

전생

· 노동(희생, 봉사, 헌신 등)을 하지 않아 피해를 줬던 삶의 카르마

주문

"나는 모든 것에 아량과 인정이 넘친다."

당뇨

원인 되는 마음

· 과하게 받아들이는 마음
· 내 것이라고 생각하는 강력한 마음
· 누구도 간섭할 수 없는 나의 것을 만들려는 마음

나를 바라보는 타인의 마음

· 과하게 나눠주는 사람
· 관심 받고 싶어 하는 사람
· 자신의 관심사에만 진취적인 사람

새로운 마음

· 규칙적인 일상에 대한 감사함
· 베푸는 것에도 '과유불급의 원칙'이 있다
· 누구에게나 존중받고자 한다면 부모의 심정이 되어야 한다

전생

· 감언이설로 사람을 망하게 했던 삶의 카르마

주문

"온 몸이 상쾌함으로 가득 차서, 시원하다."

대장

원인 되는 마음

· 거절당할 것을 걱정함
· 거절당한 후의 상황이 걱정되어 과하게 살핌
· 내 말에 설득력이 없을까 봐 두려움

나를 바라보는 타인의 마음

· 대범한 사람
· 과하게 행동하는 사람
· 과하게 여성성, 남성성을 띄는 사람

새로운 마음

· 타인을 인정하는 마음
· 오해하지 않는 마음
· 그대로 받아들이는 마음

전생

· 자신의 역량 이상의 것을 타인을 착취함으로 억지로 이루려 했던 삶의
  카르마

주문

"나의 모든 행위는 능동적이고 설득력이 있다."

대장	원인 되는 마음	새로운 마음
과민성 대장 증후군	· 무리해서라도 나의 의견을 관철시키려는 마음 · 권위적인 마음 · 나만이 할 수 있다는 과한 자신감	· 모든 것이 나와 통한다 · 모든 것이 나와 연결되어 있다 · '틀린' 것이 아닌 '다른' 것이다
변비	· 시간이 흐르는 것에 대한 두려움이 큼 · 삶의 허망함 · 중도에 포기하고 싶음	· 결과에 대한 희열을 느낄 수 있다 · 일에 대한 기쁨, 만족을 충분히 느낄 수 있다 · 하나의 일에 온전히 집중하는 마음
복부팽만 (가스통)	· 큰일을 하찮게 여기는 마음 · 작은 일이 커질까 봐 걱정함 · 굳이 신경 쓰지 않아도 되는 일까지 신경 씀 · 너무 사소한 것을 아끼는 마음	· 너그러운 마음 · 침착한 마음 · 공감하는 마음 · 타인의 잘못을 눈감아 주는 마음
설사	· 많은 것을 간직하고 싶음 · 감당이 안 됨 · 거부하는 마음 · 적당히 하려는 마음 ('이 정도면 충분하지!'라고 생각하지만 타인은 만족하지 못함)	· 항상 달라지는 마음에 설렌다 · 느긋한 과정을 거칠 때, 완성도가 높아진다 · 일의 적절한 분배는 내 체력의 한계를 높인다

대장	원인 되는 마음	새로운 마음
크론병	· 시대(사회, 정치)에 대한 불만 · 가족에 대한 책임감 · 건강을 염려하는 마음 · 고독한 마음 · 보호받고 싶음 · 모든 것을 감추고 싶음(지침)	· 생동감으로 에너지가 넘친다 · 상쾌한 아침을 맞을 수 있다 · 친근한 곳에 머물기
혈변	· 상황이 의도한 대로 진행되지 않음 · 억울한 일을 경험함 · 부당한 일을 당함	· '그럴 수도 있지'라고 이해하는 마음 · 많은 것을 내려놓는 마음 · 안도하면 일이 저절로 풀린다

신께 답을 구하다

동맥경화증

원인 되는 마음

· 융통성 없는 마음
· 고지식한 마음
· 편한 것만 취하는 마음

나를 바라보는 타인의 마음

· 가부장적인 사람
· 고리타분한 사람
· 대화가 잘 안 되는 사람

새로운 마음

· 성취감을 줄 수 있는 것을 찾아서 행할 수 있다
· 새로운 것에 도전하는 마음
· 새로운 사고는 시원한 결과를 만든다
· 경청하는 자세를 취하려는 마음가짐

전생

· 말로 타인을 위축시키고 고립시켰던 삶의 카르마

주문

"나는 희망이 넘치고 소망찬 마음으로 충만하다."

두통

원인 되는 마음

· 불평스러운 상황이 생기는 것에 대한 불만스러움
· 많은 것을 컨트롤 하고 싶음
· 계획이 틀어지면 예민해짐
· 일의 끝이 보이지 않음

나를 바라보는 타인의 마음

· 고압적인 사람
· 고집이 세며 말이 도무지 통하지 않는 윗사람
· 일이 늘어지는 사람
· 사소한 것에 신경을 많이 쓰는 사람

새로운 마음

· 단순한 생각은 나를 편안하게 한다
· 모든 것을 가볍게 볼 때, 비로소 편안하다
· 몸을 움직이면 머리가 쉴 수 있다

전생

· 주변사람에게 소리를 많이 쳐, 고통과 두려움에 떨게 했던 삶의 카르마

주문

"부드러운 마음 덕에 온 몸이 말랑말랑해진다."

신께 답을 구하다

등

원인 되는 마음

· 주어진 일이 과하다고 느낌
· 남보다 많이 한다고 생각함
· 내가 움직인 만큼 보답받지 못한다고 생각함
· 내가 한 것에 비해 존중받지 못한다고 느낌

나를 바라보는 타인의 마음

· 즐거움이 없는 사람
· 늘 우울한 사람
· 책임을 회피하는 사람

새로운 마음

· 나에 대한 존중과 신뢰로 가득한 마음
· 나는 사랑받기에 충분하다
· 모든 이에게는 각자의 책임이 있다

전생

· 타인에게 인정받지 못했던 삶의 카르마(나의 책임을 다하지 못함으로
  인해)

주문

"나를 구속하는 모든 것들로부터 해방되어 나는 자유롭다."

2

전폭적인 부모의 사랑이 있고
절대적으로 응원하는 형제의 사랑이 있고
지극히 공경하는 자식의 사랑이 있는 곳이 가정이다.

- 스승님 말씀 중에

루게릭병

원인 되는 마음

· 잘해야 한다는 강박감
· 타인에게 냉담함
· 소외되는 것을 두려워 함

나를 바라보는 타인의 마음

· 소극적인 사람
· 냉소적인 사람
· 혼자만의 세계가 있는 사람

새로운 마음

· 힘차고 활기찬 마음으로 생활할 수 있다
· 도움받는 것은 축복이다
· 미래보다 현재에 집중하려는 마음가짐

전생

· 자신의 잘못을 타인에게 뒤집어 씌웠던 삶의 카르마
· 나를 도와주려 한 자를 무시하여, 그 자에게 저주 받았던 삶의 카르마

주문

"내 몸이 사랑으로 둘러싸여 포근하다."

신께 답을 구하다

류마티스성

원인 되는 마음

· 자신의 이익을 좇아 신념을 버림
· 많은 것에 신경을 곤두세움
· 매듭짓기 어려운 일 또는 인연을 만남
· 희생한다고 생각함

나를 바라보는 타인의 마음

· 우유부단한 사람
· 일관성이 없는 사람
· 많으면 많을수록 좋다고 생각하는 사람
· 알 수 없는 사람

새로운 마음

· 마음먹은 것이 일사천리로 이루어진다
· 속전속결로 해결할 수 있다
· 확실한 마음, 흔들리지 않는 마음

전생

· 선택을 잘못하여 크게 일(국가적 손실)을 그르쳤던 삶의 카르마
· 타인을 헷갈리게 하여 교란시켰던 삶의 카르마(이러지도 저러지도 못하게 함)

주문

"내가 행하는 모든 행위가 나를 호쾌하게 한다."

세상 최고의 명당은 인간의 가슴이다.
완성한 존재의 가슴에서 모두가 안식할 수 있다.
인간의 가슴에서 온전한 만족과 행복을
얻을 수 없기에 땅에서 명당을 찾는다.

진실로 인간이 행복할 수 있고
안식할 수 있는 곳은
본성을 회복한 인간의 가슴이다.

- 스승님 말씀 중에

만성질환

원인 되는 마음

· 일을 여유롭게 처리하고 싶음
· 하던 일을 마무리하지 않고, 새로운 일을 시작함
· 해결되지 않은 일을 붙잡고 싶음
· '나'라면 다 해결할 수 있어(자만)

나를 바라보는 타인의 마음

· 욕심이 많은 사람
· 끝마무리가 잘 안 되는 사람
· 주위가 산만한 사람

새로운 마음

· 꼼꼼한 마음 가짐
· 처음과 끝, 모두 중요하고 필요하다
· 나는 필요한 존재이다

전생

· 주작을 일삼았던 삶의 카르마
· 사람을 존중하지 않고, 멋대로 부렸던 삶의 카르마

주문

"하루의 마무리는 반드시 존재하고, 그 마무리는 만족스럽다."

신께 답을 구하다

만성질환	원인 되는 마음	새로운 마음
만성통증 증후군 (근막통증 증후군)	· 갑작스럽게 책임져야 할 　상황을 겪음 · 극심한 불안감 · 나 혼자 남겨질 것 같은 　막연한 마음 　(두려움, 공포 등) · 내 일을 누구도 도울 수 　없어 고됨	· 걱정하는 이 순간에도 일은 　잘 진행되고 있다 · 누구나 막연함을 경험한다 · '내 일은 내가 한다'라는 　강력함이 자존감을 높인다
만성피로 증후군	· 결과를 보기 전에 또 다른 　일이 생겨 귀찮음 · 당장 해결하는 것이 어려움 · 간섭이 많다고 느낌 · 내 맘대로 하고 싶은데 할 　수 없다고 여김	· 지금 이 순간, 눈앞의 일이 　가장 중요하다 · 하나씩 하나씩 하면 반드시 　줄어든다 · 잘하고 못하고는 모두 내 　마음에서 온다

맹장

원인 되는 마음

· 자리에서 벗어나 쉬고 싶음
· 내가 어떤 것도 선택할 수 없음
· 당황스러운 상황을 경험

나를 바라보는 타인의 마음

· 좌불안석인 사람
· 즉흥적인 사람
· 벼랑 끝에 선 사람
· 선택을 피하는 사람

새로운 마음

· 내 선택이 옳다
· 나는 무엇이든 할 수 있다
· 지나가면 별일 아니다

전생

· 타인의 계획을 망쳤던 삶의 카르마

주문

"나의 선택을 존중하며, 그 결정에 만족한다."

목

원인 되는 마음

· 받아들이지 못함
· 자존심이 꺾임
· 거부하고 싶은데 그러지 못함
· 순응해야 하는데 그러지 않음

나를 바라보는 타인의 마음

· 대쪽 같은 사람
· 타협이 불가능한 사람
· 모든 일에 관여하여 도움을 주고 싶어 하는 사람

새로운 마음

· 누군가를 돕는다는 것은, 경청으로부터 시작된다
· 휴식은 나를 돕는 일이다
· 받아들일 때, 자족할 수 있다

전생

· 부모를 공경하지 않았던 삶의 카르마

주문

"깊이 받아들이면 깊은 존중을 느낄 수 있다."

목	원인 되는 마음	새로운 마음
성대결절	· 더 잘해야 한다고 생각함 · 변화, 발전에 집착함 · 방황을 경험 또는 경험 중 · 전생에 맺힌 한이 많음 · 제풀에 지쳐 포기함	· 꾸준히 하는 힘 · '수고했어, 오늘도'라고 　스스로 토닥여주는 마음가짐 · 하루를 되돌아보며 스스로 　칭찬하기 · 성장과 성숙은 자연스럽게 　일어난다
인후통	· 낯가림이 심함(예민) · 익숙해지지 않음 · 귀찮아하는 마음 · 갑자기 많은 것을 　책임져야 함	· 새로운 것은 설레는 것이다 · 익숙한 것(장소, 물건 등)은 　나에게 평안을 준다 · 주위를 찬찬히 살피는 　것만으로도 문제가 해결된다 · 노련함은 끈기에서 　얻어진다
편도결석	· 억울함 · 말하고 싶은데 상황, 마음, 　감정 등으로부터 제재 받음 · 부당한 것을 고발하고 　싶은데, 그러지 못할 때	· 시원하게 단념하거나, 　시원하게 말하기 · 모든 상황, 감정으로부터 　자유롭다 · 충분한 휴식을 누릴 수 있다
편도선염	· 감당하기 어려움 · 생각이 많아짐 · 회피하고 싶음 · 구속당한다고 느낌 · 타인으로 인해 일이 중단됨	· 단순한 생각이 나를 　자유롭게 한다 · 생각의 우물에서 해방된다 · 잘하고 있다, 그러나 더하면 　과욕이다

신께 답을 구하다

무릎

원인 되는 마음

· 다양한 상황 속에서 답답함을 느낌
· 넘치는 에너지를 분출하고 싶은데 못함
· 원하는 목적지에 도달하고자 하는 강한 열망
· 누명을 씀

나를 바라보는 타인의 마음

· 언제든 (말로) 싸울 준비가 돼 있는 사람
· 상대하기 피곤한 사람
· 같이 있으면 나의 에너지가 소진되는 사람
· 별거 아닌 것을 심각하게 여김

새로운 마음

· 상황을 차분하게 바라보려는 마음가짐
· 앞뒤좌우를 살필 줄 아는 여유로움
· 뒤를 바라보는 것은 후회를 위함이 아닌 성장을 위한 것이다

전생

· 목표를 위해 최선을 다했지만 실패했던 삶의 카르마

주문

"언제든 할 수 있으니, 충분히 여유로워도 좋다."

ㅂ

간절히 원하는 마음이 집착하게 만들고
집착한 바가 이루어지지 않으면 원망이 생긴다.

원망은 몸에 병을 부르고
병으로 인한 고통은 피해갈 방도가 없다.

다만 병의 원인이 되는 마음을 잘 보고
어디서부터 시작되었는지 알아
그것이 허상임을 깨달을 때
병은 있어야 하는 이유를 잃게 된다.

그때 치유가 된다.

– 스승님 말씀 중에

바이러스

원인 되는 마음

· 내가 하는 일이 많다고 생각함
· 충족하고 싶음
· 하기 싫다는 마음을 함부로 표현함(욕설, 분노 등으로)

나를 바라보는 타인의 마음

· 불평불만이 많은 사람
· 스스로에게 만족하지 못하는 사람
· 끊임없이 움직이는 사람
· 일 욕심이 있는 사람
· 자신을 과신하는 사람

새로운 마음

· 정신적, 육체적 휴식은 나를 성장하게 한다
· 풍요는 내 마음이 안정되었을 때, 얻을 수 있다
· 웃을 수 있다고 믿는 마음

전생

· 내부 증상: 타인의 마음에 불을 질렀던 삶의 카르마
· 외부 증상: 타인의 몫을 앗았던 삶의 카르마

주문

"나의 수고로 많은 사람들이 편안해지는 것이 기쁘다."

신께 답을 구하다

바이러스	원인 되는 마음	새로운 마음

감기	· 도전과 모험에 대한 걱정
	· 투자에 대한 실패
	· 실패에 대한 두려움
	· 쉬고 싶음
	· 놀고 싶음
	· 전성기에 대한 그리움
		· 주변과의 소통
		· 주변에 관심두려는
		  마음가짐
		· 아낌없이 주는 마음
		· 익숙함도 때로는 새로울 수
		  있다
		· 지겨워하지 않는 마음

대상포진	· 견디는 마음
	· 애써 참는 마음
	· 화를 터뜨리고 싶지만
	  상대가 없어서 못함
		· 내가 없으면 안
		  된다(자신감)
		· 나는 많은 도움을 주는
		  사람이다
		· 어제의 나를 위로하고,
		  오늘의 나를 사랑하라

풍진	· 알 수 없는 분노가 일어남
	· 표현이 잘 안 돼, 답답하고
	  짜증남
	· 억지로 참음
		· 냉수를 끼얹은 듯 차분하고
		  조용한 마음
		· 상황들을 먼 산 보듯이 하는
		  마음
		· 스스로를 향한 지극한
		  보호와 관심의 마음가짐

헤르
페스성
포진
	· 모든 상황을 해결하려는
	  마음
	· 참견하고 싶은 마음
	· 이익이 없으면 움직이지
	  않음
	· 은근히 대가를 바라는 마음
		· 진실한 마음으로 대하려는
		  마음가짐
		· 믿어 주는 마음
		· 할 수 있다는 자신감

발

원인 되는 마음

· 더 나아가고자 하는 마음이 없음
· 실패했다고 생각함
· '나아가지 못할까'에 대한 걱정
· 해야 하는 일을 회피함

나를 바라보는 타인의 마음

· 게으른 사람
· 선택을 잘 하지 못하는 사람
· 겁이 많은 사람

새로운 마음

· 나는 모든 것으로부터 안전하다
· 발을 떼면, 용기가 생긴다
· 나아가는 것은 신나는 것이다

전생

· 가지 말아야 하는 곳(정치계, 장소, 종교, 선교 등)에 무리하게 갔던
  삶의 카르마

주문

"나는 미래에 대한 지혜로 가득하다."

발	원인 되는 마음	새로운 마음
발가락	·움츠러드는 경험이 많음 ·숨기고 싶은 마음 ·더 이상 버티기 힘듦 ·가만히 있고 싶은 간절함	·먼저 맞는 매가 마음이 편하다 ·마음을 편안히 할 때, 나의 길이 선명히 보인다 ·아무것도 하지 않는 것을 선택하라, 이 또한 나의 권리이다

방광

원인 되는 마음

· 인내하지 못함
· 나부대는 마음, 들떠 있는 마음
· 열등감
· 숨기고 싶은 마음(비밀이 많음)

나를 바라보는 타인의 마음

· 윗사람을 대할 때, 좌불안석인 사람
· 사서 걱정하는 사람
· 성급한 사람

새로운 마음

· 나를 깊이 사랑하는 마음
· 나의 마음은 평화로움으로 가득하다
· 인내는 마음을 표현하는 것이다

전생

· 타인이 인내하는 상황을 많이 만들었던 삶의 카르마

주문

"타인의 마음을 지켜볼 때, 편안함과 평화로움으로 충만하다."

신께 답을 구하다

방광	원인 되는 마음	새로운 마음

방광염	· 갑자기 생긴 여유에 적응이
	  안 됨
	· 갑자기 생긴 일에 대한 걱정
	· 갑자기 계획이 변경되는
	  것에 대한 두려움
		· 주어진 상황에 만족할 수
		  있다
		· 작은 일에도 보람을 느낄 수
		  있다
		· 갑작스럽다고 여긴 상황도,
		  시간이 지나면 일상이 된다

야뇨증	· 감당할 수 없는 상황을
	  경험함
	· 질책받는 것에 대한 두려움
	· 욕구불만의 상황
		· 나는 누구에게나 공감받을
		  수 있다
		· 누구나 실수할 수
		  있다(안도감)
		· 깊은 숙면은 나를 안정되게
		  한다
		· 내 존재가 축복이다

요실금	· 타인에게 들키기 싫은 것이
	  많음
	· '그 일은 나에게 별거
	  아니야'라고 안일하게
	  생각함
	· 새로운 환경으로 인해
	  급격한 체중 증가
	· 소문에 대한 예민함
	· 적응은 빠르지만
	  현실파악은 느림
	· 타인의 시선을 중요하게
	  여김
		· '언제나, 어디서나 바꿀 수
		  있다'고 생각하는 사고의
		  유연함
		· 지금 이 순간이 지나면 다
		  잊힐 것이다
		· 나는 내가 가장 소중하다

비장(지라)

원인 되는 마음

- 관계성에서 다리 역할을 잘 수행하지 못함
- 본인의 역할이 부담스러움
- 자신의 역할을 다하기 위해 긴장함

나를 바라보는 타인의 마음

- 과하게 불안해하는 사람
- 타인의 시선을 중요하게 생각하는 사람
- 적극성이 부족한 사람

새로운 마음

- 대범한(자신감) 마음
- 후회하지 않는 마음
- 내 감정을 드러내는 것도 소통이다

전생

- 간섭으로 인해 위축되었던 삶의 카르마(눈치가 없어 간섭을 받게 됨)

주문

"내가 생각하는 모든 것들이 이루어진다고 확신한다."

신께 답을 구하다

빈혈

원인 되는 마음

· 약한 의지, 마음
· 어려운 상황이 닥치면 포기하고 싶음
· 포기하고 싶은데 그럴 수 없는 상황
  예) 해야만 하는 상황

나를 바라보는 타인의 마음

· 일이 많아서 안쓰러운 사람
· 자기가 할 수 있는 양보다 많은 것을 하려는 사람
· 도울 것이 많아 성가신 사람(이 사람을 보면 괜히 안쓰러움)

새로운 마음

· 일의 완성도는 양보다 질이 좌우한다
· 한 발짝 더 나아갈 용기의 마음가짐
· '이 역할은 나에게 딱 맞아'라고 확신하는 마음

전생

· 하고 싶은 일이 많았지만, 신분, 상황 등으로 하지 못했던 삶의 카르마

주문

"모든 것을 해낼 수 있는 힘으로 가득하다."

뼈

원인 되는 마음

· 왠지 모를 불안함
· 미래에 대한 막연한 불안, 두려움
· 근본적인 문제가 아닌 것을 해결하려고 애씀

나를 바라보는 타인의 마음

· 관심이 가지 않는 사람
· 파악하기 쉬운 사람
· 세상물정 잘 모르는 사람

새로운 마음

· 중심 잡힌 삶이 진취적인 나를 만든다.
· 타인의 말보다 중요한 것은 내가 진정으로 원하는 것이다.
· 나의 속마음이 하는 말을 잘 파악하는 것이 중요하다.

전생

· 줏대 없는 삶으로 스스로를 존중하지 못했던 삶의 카르마

주문

"이 세상에서 가장 중요한 것은 '나'다."

신께 답을 구하다

뼈	원인 되는 마음	새로운 마음
구루병	· 반항하고 싶음 · 강력하게 사랑받고 싶음 · 유대관계를 깊게 맺고 싶음	· 이를 바라보는 보호자의 마음 - 깊이 사랑하는 마음 - 깊이 사랑한다고 끊임없이 표현해주기 - 보호 속에 안전함을 상기시켜 주기

사랑하면 움직이게 된다.

사랑한다는 것은
말을 그리하는 것으로 끝나는 것이 아니다.
공경하는 마음이, 정성스러움이
상대에게 흘러갈 수 있도록 행위를 하는 것이다.

사랑을 주는 사람의 지극한 마음이
상대의 마음에 기쁨과 환희의
에너지로 작용하는 것이다.

- 스승님 말씀 중에

상처

원인 되는 마음

· 과하게 조심스러움
· 갑자기 늘어나는 짜증
· 갑자기 사람이 미워짐
· 불평불만 하는 마음이 급증함

나를 바라보는 타인의 마음

· 생각이 많은 사람
· 불안한 사람
· 급한 상황에 여유 부리는 사람

새로운 마음

· 순간적인 판단력 향상시키기
· 원인 없는 결과는 없다
· 익숙한 일일수록 천천히하는 마음가짐(과신하지 않기)

전생

(상처는 전생과 관련이 없다)
· 현재 삶을 살아가는 중 작게 쌓인 업을 해소함
· 생각, 사고의 환기를 위한 상황이 발생함

주문

"이 순간 나는 맑은 정신으로 사유할 수 있다."

신께 답을 구하다

상처	원인 되는 마음	새로운 마음

교상
(동물에
물린 것)
	· 현실을 도피하고 싶음
	· '괜히 말했나' 싶은 멋쩍음
	· 동물에게 감정이입이 됨
	· 윗사람에 대한 미움
	· 버려질 것에 대한 두려움
		· 아무것도 하지 않아도
		  편해질 수 있다
		· 내가 한 일에 대해 만족할
		  수 있다
		· 지나간 감정은 흘려보내기

타박상	· 흥분할 상황이 생김
	· 타인에게 무심함
	· 앞뒤 생각하지 않는 무모함
	· 떠나고 싶음
	· '꼭 내가 해야 하나'라고
	  느낌
	· 하기 싫은 마음
		· 오늘은 어제보다 더욱
		  유익한 하루다
		· 지금 하는 생각보다 더 나은
		  것은 없다
		· 서두르지 않는 마음

ㅅ

생식기

원인 되는 마음

· 도태되는 것을 두려워함
· 뒤처질 것에 대한 두려움
· 건강한 몸을 과신하는 마음
· 도발하고자 하는 마음

나를 바라보는 타인의 마음

· 안일한 사람
· 조심성 없는 사람(안전 불감증)
· 걱정이 많은 사람
· 타인의 도움을 많이 요구하는 사람

새로운 마음

· 안전을 추구하는 마음
· 타인을 아끼는 마음
· 내 몸을 아끼는 마음

전생

· 배은망덕했던 삶의 카르마
· 타인의 수고를 잘 알지 못했던 삶의 카르마

주문

"모든 사람에게 감사할 수 있는 마음으로 가득하다."

생식기	원인 되는 마음	새로운 마음
무정자증 (정자 관련)	· 책임에 대한 강한 부담감 · 폐쇄적인 마음 · 구속을 회피하고 싶음 · 새로운 것을 잘 받아들이지 못함(고리타분한 사람) · 가족을 잃을까 봐 전전긍긍함	· 자연의 생명력으로 충만하다 · 열정적인 삶의 태도 · 인생은 새로움의 연속이다
발기부전	· 의지를 냈지만 자신감 부족으로 실패함 · 표현하고자 했지만 타인에게 제재 당함 · 원하는 만큼 성취하지 못함(기대하는 이들이 많음)	· 타인은 나를 평가할 수 없다 · 나는 모든 것을 완성시킬 수 있다(자신감) · 나의 노고를 누군가는 알고 있다
성병	· 나를 과시하고 싶음 · 생각을 깊숙이 숨기고 싶음 · 원활한 인간관계를 맺고 싶지만 그러지 못함	· 생각의 전환이 나를 밝힌다 · 밝게 생각하면 표현이 잘 되어, 일이 원활해진다 · 생각을 환기하는 행동
요로결석	· 과거로부터 생긴 응어리진 마음(인정받지 못함, 왕따, 무시 등) · 피해 주기 싫음 · 자책하는 마음 · 속내를 들키지 않으려고 애씀	· 과거와 상관없이 나는 나로부터 자유로울 수 있다 · 나를 표현하는 것은 나를 위한 배려다 · 일상의 기쁨은 가벼운 마음에서 온다

소장

원인 되는 마음

· 인내하지 않음
· 타인을 닦달함
· 나에게는 관대하고 타인에게는 옹졸함
· 해결사가 되고 싶음
· 혼자 일이 많음

나를 바라보는 타인의 마음

· 설레발치는 사람
· 차려진 밥상에 숟가락 얹는 사람(무임승차하는 사람)
· 괘씸한 사람
· 변덕이 심한 사람
· 손이 큰 사람
· 과한 사람

새로운 마음

· 시간을 두고 천천히 기다리는 마음
· 내 힘으로 얻은 결실이 더욱 빛난다
· 대접받고 싶으면 대접해야 한다

전생

· 많은 사람을 애태우게 했던 삶의 카르마
· 시간을 지체시켜 완성 직전의 일을 무산시켰던 삶의 카르마

주문

"나의 관대한 마음은 타인에게 빛과 소금이 된다."

신께 답을 구하다

손

원인 되는 마음

· 잡고 싶은 상황 또는 사람이 있음
· 놓치고 싶지 않음
· 모든 것을 내려놓고 싶음
· 부끄러워 숨고 싶음
· 놀란 마음

나를 바라보는 타인의 마음

· 일이 너무 많은 사람
· 허둥지둥하는 사람
· 넋 놓고 있는 사람

새로운 마음

· 욕심을 버리면 채워진다
· 나는 이미 많은 것을 가지고 있다
· 나는 많은 것으로 충분하다

전생

· 타인의 재능(예술 관련)을 꺾었던 삶의 카르마

주문

"나는 내가 가진 것으로도 충분히 만족스럽다."

손	원인 되는 마음	새로운 마음
손가락	· 남의 떡이 커 보임 · '이거 아니면 저거 하면 되지'라고 대수롭지 않게 생각함 · 이익, 손해를 많이 따짐 · 헷갈리고 갈등하는 마음이 많음 · 칭찬받고 싶은데 그러지 못해, 소심해짐	· 다양한 상황은 다양한 노하우를 만들어낸다 (다양성을 받아들여라) · 두 마리 토끼를 다 잡으려다, 두 마리 다 놓칠 수 있다 · 하나를 정하여 일관되게 하는 것이 덜 복잡하다

신께 답을 구하다

수면 관련 질환

원인 되는 마음

· 존중받고 있지 않다고 느껴짐
· 공격(비물리적인 것) 받을 것에 대한 두려움
· 온전히 안식되는 사람, 장소가 없다고 느낌
· 늘 피곤하다고 느낌

나를 바라보는 타인의 마음

· 상상력이 풍부한 사람
· 안쓰럽지만 적극적으로 도와주고 싶은 마음은 안 드는 사람
· '피해자' 역할을 자처하는 것 같은 사람(피해망상)

새로운 마음

· 나를 살게 하는 것은 나의 적극적인 마음이다
· 육체를 움직일 때, 생동감을 느낄 수 있다
· 나는 스스로 온전할 수 있다

전생

· 믿는 도끼에 발등 찍혔던 삶의 카르마
· 나를 보호해 준 사람을 배신했었던 삶의 카르마

주문

"자연 만물이 나를 사랑으로 보호하고 감싸 준다."

수면 관련 질환	원인 되는 마음	새로운 마음
기면증	·뇌기능 저하(전생의 강력한 영향) ·갑작스럽게, 일시적으로 도피하고 싶은 마음 ·스스로 선택해야 하는 일이 많아짐 ·양자택일해야 할 일이 많아짐 ·제대로 해내지 못했을 때 받는 질책에 대한 두려움	·하나씩 하나씩, 차근차근히 하려는 마음가짐 ·서로 함께 같이할 때, 더 큰 기쁨을 누릴 수 있다 ·선택의 결과에 자유롭다
불면증	·인정하고 싶지 않음 ·탓하고 싶음 ·온종일 사용해야 할 에너지를 소진하지 못함	·물질적인 것을 많이 베풀려는 마음 ·인정을 베푸는 마음 ·생각을 그치고 몸을 움직일 때, 편안하다
수면 보행증 (몽유병)	·가슴이 답답함 ·타인이 나에게 요구하는 것이 많음 ·내가 표현이 서툴러 대화가 잘 안 됨 ·보고 싶지 않은 것, 듣고 싶지 않은 것, 하기 싫은 것 등을 많이 참음	·천천히 호흡하면 마음이 편안해진다 ·나는 신성으로부터 보호받는다 ·말로 표현하면 상황이 훨씬 더 쉬워진다

신께 답을 구하다

스트레스성 신경질환

원인 되는 마음

· 힘들어 지친 마음
· 기대에 못 미처 실망스러움
· 일촉즉발('건들기만 해 봐 터져 버릴 거야')

나를 바라보는 타인의 마음

· 맥이 없어 보이는 사람
· 교류(대화, 소통)가 원활하지 않은 사람
· 날카로운 사람

새로운 마음

· 편안하게 호흡하면 여유로워진다
· 휴식시간은 더 나은 나를 위함이다
· 밝은 행동이 맑은 정신을 만든다
· 의지가 나지 않을 때는 먼저 움직이면 된다

전생

· 나서서 누명을 벗겨야 할 상황에서 보기만 했던 삶의 카르마

주문

"관용이 나를 조화롭게 만든다."

스트레스성 신경질환	원인 되는 마음	새로운 마음
만성 딸꾹질	· 거짓으로 꾸민 상황이 들킬까 봐 두려움 · 숨기는 것을 들킬까 봐 두렵고 불안함 · 할 일이 많아 버거움 · 지친 마음	· 솔직함은 나를 편안하게 한다 · 도움은 청할 때만 받을 수 있다 · 나는 평화로 가득하다

신께 답을 구하다

신경계의 질환

배경

· 수행을 통한 영성적 흐름에서 보면, 신경계의 질환은 전생에서 오는
  경우가 대부분임을 알 수 있다.

전생으로부터의 마음

· 결단력의 결여로 인해 어려움을 겪음
· 삶에 대한 회의감
· 애썼는데 득이 없어서 배신감을 느낌
· 우유부단하여 사기 당함
· 좋았던 또는 나빴던 기억이 깊게 박힘
· 알 수 없는 미래에 대한 철저한 계획
· 실패할 것에 대한 대비
· 복잡한 관계, 복잡한 마음을 해결해야 하는 상황이 많음

새로운 마음

· 분명하게 행동하는 자세
· 한 번에 한 가지만 하는 마음가짐
· 다정함에는 타인을 변화하게 할 수 있는 힘이 있다
· 변화의 흐름에 생명력이 있다

주문

"내가 하는 모든 일은 명확하다."
"내가 하는 모든 일에 나는 스스로 기특하다."

신경계의 질환	원인 되는 마음	새로운 마음
수전증	· 많은 것을 하고 싶음 · 체면치레하고 싶음 · '욱'하는 마음 · 잘 삐치는 마음 · 잘 흔들리는 마음(양다리)	· 나는 타인의 시선으로부터 자유롭다 · 목적지만 바라볼 수 있다 · 나는 나에 대한 확신이 있다 · 단호하게 맺고 끊을 때, 모든 것이 분명해진다
수족냉증	· 용두사미의 마음 · 해결해야 할 것이 많아짐 · 알 수 없는 일이 생겨 항상 대기하게 됨 · 생각이 많음 · 참는 것이 많다고 생각함 · 남의 시선이 중요함	· 끝까지 해낼 수 있다 · 설레는 마음으로 시작하면 좋은 결과가 나온다 · 나의 노력은 반드시 보상받는다 · 나의 시작은 반드시 결실이 된다고 확신한다
안구 진탕증	· 상황을 회피하고 싶음 · 직면하는 것에 두려움을 느낌 · 타인에게 깊은 두려움, 공포를 주었던 삶의 카르마	· 자세히 보아야 잘 알 수 있다 · 천천히 구체적으로 생각할 수 있다 · 나를 두렵게 할 사람, 상황으로부터 자유롭다
안면마비 (구안와사)	· 가정에 책임을 다하지 못할까 봐 중압감을 느낌 · 한쪽으로 기운 마음 · 일을 잘 마무리 하지 못할까 봐 조바심이 남	· 나는 나를 사랑한다 · '내가 아니면 안 돼'라는 압박에서 벗어나 홀가분할 수 있다 · 즉흥적인 것은 나를 설레게 한다

신께 답을 구하다

신장

원인 되는 마음

· 말을 거부당했을 때 생기는 마음
· 내가 못 하는 것을 타인이 잘하기 바라는 마음
· 타인을 구속하는 마음
· 타인에게 집착하는 마음
· 타인의 잘못을 눈 감아줌

나를 바라보는 타인의 마음

· 무서운 사람
· 강요하는 사람
· 배려심이 과한 사람
· 소심한 사람
· '일당백'인 사람

새로운 마음

· 감정에서 벗어날 때 모든 것이 제대로 보인다
· 타인을 향한 호의, 배려, 애정에도 과유불급의 원칙이 존재한다
· 나를 사랑하는 것에는 다다익선이 중요하다

전생

· 타인을 충격에 빠지게 했던 삶의 카르마(배신, 비밀 발설 등)

주문

"나는 마음과 행동이 거짓 없이 같을 수 있다."

신장	원인 되는 마음	새로운 마음

만성
신질환
(혈액투석)
	· 소통이 안 됨
	· 대화할 상대가 없음
	· 상대에게 많은 요구를 함
	· 즉흥적인 마음(변덕스러움)
		· 나의 많은 생각은 소통할 때
		  의미가 있다
		· 생각을 간소화할 때 비로소
		  편안하다
		· 내가 평가하면 남도 나를
		  평가한다

신우신염	· 걱정, 근심이 너무 많음
	· 힘들게 노력해야 하는 상황
	· 급한 마음
		· 노력 없는 열정은 힘만
		  빠진다
		· 인내를 갖고 기다리면
		  고통의 원인이 사라진다
		· 안정을 취해야 안전해진다

신장결석	· 말 못 하고 담아둠
	· 말하지 않아도 알아주길
	  바라는 마음
	· 모든 사람이 나에게
	  친절하길 바람
		· 봉사의 마음은 자비의
		  시작이다
		· 베풂은 타인의 마음을
		  녹인다
		· 나를 정확히 알 때, 남을
		  정확히 알 수 있다

신증후군	· 버겁다고 느낌
	· 내 것이 없다고 느낌
	· 타인이 나를 무시하는 것
	  같음
	· 짜증나는 마음
	· 나에게만 이런 상황이
	  생기는 것에 대한 불만
	· 상황이나 일에 대한 거부
		· 상황을 받아들일 때 감정은
		  해소된다
		· 가벼운 마음
		· 긍정의 마음

신께 답을 구하다

심장

원인 되는 마음

· 도전에 실패를 경험
· 잘하고 싶은 마음
· 잘 이루고 싶은 마음
· 결과물이 커야 한다고 생각함

나를 바라보는 타인의 마음

· 불도저 같은 사람
· 통 큰 사람
· 타협이 안 되는 사람

새로운 마음

· 타인의 잘못을 '그럴 수 있지'라며 너그럽게 볼 수 있는 마음
· 새로운 시작의 설렘
· 범사에 감사하는 마음
· 숨 쉬듯 표현하면 일상이 편안해진다

전생

· 큰일(나랏일, 큰 사업 등)을 도모하다 실패했던 삶의 카르마

주문

"나의 마음은 관대함으로 충만하다."

심장	원인 되는 마음	새로운 마음
심근경색	· 강력한 책임감 · 책임으로 인한 부담감 · 속앓이를 표현하지 못해 　답답함	· 의지할 곳이 있다고 믿는 　마음(사람에 국한하지 　말 것) · 지금 생각하는 것이 전부는 　아니다 · 세상은 크고 넓다
심부전증	· 버럭 화내는 것에 대한 깊은 　공포, 두려움, 거부 · 또는 이를 방어하기 위해 　본인이 먼저 버럭 화를 냄 · 불만을 참다가 한 번에 　터뜨림 · 내가 원하는 대로 이끌어 　가고자 하는 마음	· 깊이 이해하려는 마음 · 나는 어떠한 외부자극에도 　평화로울 수 있다 · 내 말의 쉼표는 관계를 　완성하는 마침표다

신께 답을 구하다

쓸개

원인 되는 마음

- 가족과 대화가 잘 안 통함
- 세상살이에 대한 회의감
- 일에 성취를 느끼지 못함
- 타인을 잘 파악하지 못하여 어려움
- 과하게 신중함
- 나도 모르게 표현이 거칠어짐

나를 바라보는 타인의 마음

- 허술한 사람
- 가벼운 사람
- 자기애가 강한 사람
- 연민이 많은 사람

새로운 마음

- 세상에는 다양한 감정이 존재한다
- 배려는 편안함을 낳는다
- 상황을 심각하게 여기지 않는 마음
- 따뜻한 눈빛으로 바라보는 마음

전생

- 타인을 외롭게 만들었던 삶의 카르마

주문

"내 가슴은 따뜻한 태양의 빛으로 가득하다."

쓸개	원인 되는 마음	새로운 마음
담석증	·총체적 난국의 상황에 처함 또는 그런 감정 ·헤쳐 나가야 할 것이 많음 ·무거운 책임감 ·가족에 대한 염려	·이 또한 지나가리라 ·올라갈 일만 남았다 ·함께 하는 마음

신께 답을 구하다

'내'가 '너'임을 알고, '네'가 '나'임을 알 때,
너의 기쁨이 나의 기쁨이요,
너의 슬픔이 나의 슬픔이다.

그래서 서로 축복하게 된다.
기뻐지기를 소망한다.

서로 오가는 마음이 진실한 행복일 때,
기분 좋은 에너지가 오가는 것이다.

이 에너지에 자연은 있는 그대로
아름다운 모습으로 함께 한다.

- 스승님 말씀 중에

알레르기

원인 되는 마음

· 모든 곳에서 나를 필요로 한다고 생각함
· 일이 많다고 생각함
· 벗어나고 싶음

나를 바라보는 타인의 마음

· 부담스러운 사람
· 예민한 사람
· 일은 잘하지만 감당하기 어려운 사람

새로운 마음

· 상황을 흐르는 대로 지켜볼 수 있는 여여한 마음
· 내가 움직이지 않아도 상황은 해결된다고 믿는 마음
· 내가 알 수 없는 마음도 있다

전생

· 부하에게 일을 맡겼다가 낭패를 봤던 삶의 카르마

주문

"나는 타인으로 하여금 존재한다."
"나는 밝은 빛으로 충만하다."

신께 답을 구하다

알레르기	원인 되는 마음	새로운 마음
동물 알레르기	· 공격당할까 봐 두려워함 · 의존성이 강함 · 보호받고자 하는 마음	· 나는 사랑으로 가득하다 · 나는 보호받고 있다 · 나는 안전하다
식물 알레르기	· 상황에 불평불만이 많음 · 상황을 (틀렸다고) 　부정하고 싶음 · 너무 조심스러움 · 취향을 존중받고 싶음	· 타인을 너그러이 사랑하는 　마음 · 차분한 마음 · 수용하는 마음
음식 알레르기	· 불안한 마음 · 확실하지 않은 것에 대한 　불신 · 피해의식의 마음 · 나를 규정짓는 마음	· 나는 모든 것으로부터 　안전하다 · 나는 많은 것을 알고 있다 · 믿음은 나를 편안하게 한다 · 믿음은 나를 건강하게 　만든다
햇빛 알레르기	· 자존심이 강함 · 혼자 있고 싶음 · 환경적 상황이 수용되지 　않음 · 타인을 조종하고 싶음	· 모든 사람은 각자의 개성이 　있다 · 내가 모르는 다양한 상황이 　있다는 것을 인정하면 　편하다 · 너그러운 마음

암

원인 되는 마음

· 감정의 총 집합체(분노, 억울함, 한 등)
· 인정받지 못한다고 느낌
· 대접받지 못한다고 느낌
· 나는 변치 않지만, 상대는 변한다고 생각함
· 요구를 완벽히 수행하지 못할까 봐 두려워함
· 내 사랑이 없으면 타인은 죽을 것이라고 생각함

나를 바라보는 타인의 마음

· 이기적인 사람
· 자신의 지위에 맞지 않는 일을 하는 사람
· 너무 사소한 것에 많은 신경을 쓰는 사람
· 무모한 사람(타인에게 걱정 끼치는 사람)
· 개척자, 혁명가처럼 강인한 사람

새로운 마음

· 모든 일을 내가 하지 않아도 된다
· 내가 하지 않아도 세상은 돌아간다
· 나를 쉬게 하면 타인도 안식할 수 있다

전생

· 가족을 일찍 떠나보냈던 삶의 카르마
· 타향살이를 많이 했던 삶의 카르마
· 이방인의 삶을 살았던 삶의 카르마

주문

"나의 머리와 온 몸의 세포가 맑아지고 깨끗함으로 가득하다."

신께 답을 구하다

어깨

원인 되는 마음

· 심리적 요인: 과하고 감당되지 않는 상황일 때
· 육체적 요인: 대가를 제대로 받지 못했을 때
· 세상과 사람에 대한 반감
· 일이 버거움

나를 바라보는 타인의 마음

· 우월감에 잘 빠지는 사람
· 열등감에 잘 빠지는 사람
· 자신만만한 사람

새로운 마음

· 스스로에게 "고생했어, 고생했다는 걸 알고 있어"라고 토닥여 주는 마음가짐
· 만족하는 마음
· 시간이 흐르면서 저절로 이루어지는 것이 있다

전생

· 허세, 허풍으로 타인의 일을 가중시켰던 삶의 카르마

주문

"어디에도 흔들리지 않는 평정심으로 충만하다."

어깨	원인 되는 마음	새로운 마음
오십견	· 너무 부지런함 · 결벽증 · 책임감 좌절(당연한 보상을 받지 못함) · 과한 노동(한시도 쉬지 않음) · 거친 입담, 행위(싸움 유발자)	· 눈을 감으면 몸과 마음이 편안하다 · 일에 대한 만족스러움 · 일에는 경중이 있다, 별것 아닌 일도 많다

신께 답을 구하다

에이즈

원인 되는 마음

· 남들과는 다른 삶을 살고 싶음
· 깊은 좌절감
· 노후에 대한 걱정
· 사는(죽는) 것에 대한 두려움

나를 바라보는 타인의 마음

· 우울한 사람
· 거침없는 사람(어떤 일이든 대수롭지 않게 여김)
· 깊은 유대관계를 원하는 사람

새로운 마음

· 진실한 기도는 최고의 공덕이다
· 하루하루가 새롭다
· 편안한 죽음을 맞이할 수 있다(사후세계 공부)

전생

· 상대방(대적 관계, 배척 관계)을 처단(또는 죽였던)했던 삶의 카르마
· 나를 주관하는 자에게 배신당해 분노를 주체할 수 없었던 삶의 카르마

주문

"내 삶의 주체는 나다."
"내 뜻과 삶은 평범하다."

열병

원인 되는 마음

· 해소되지 않는 상황(감정)에 답답함을 느낌
· 극심한 외로움
· 쉬고 싶음
· 참고 견디는 마음
· 보호자를 곁에 두고 싶음

나를 바라보는 타인의 마음

· 사고가 굳어 있는 사람
· 보수적인 사람
· 소심한 사람
· 큰일이 잘 일어나는 사람

새로운 마음

· 다양한 해결방안이 있다는 것을 인정하는 마음
· 쉽게 생각하면 쉽게 풀린다
· 도움을 청하면 도움을 받을 수 있다

전생

· 타인의 일, 계획에 훼방을 놓았던 삶의 카르마

주문

"감정은 내려놓을 때 시원하게 사라진다."

신께 답을 구하다

염증

원인 되는 마음

· 새로운 관계 맺음에 대한 불편함

· 가족이 부담스러움

· '왜 이런 상황이 반복되지?' 답답함

· 포기할까 고민됨

· 성취(취업, 학업, 돈, 명예 등)하고 싶은 간절함

나를 바라보는 타인의 마음

· 일 또는 학업에 과하게 신경 쓰는 사람('저렇게까지 해야 해?')

· 대단하지만 썩 마음에 들지 않는 사람(함께 하고 싶지는 않음)

· 내 일을 맡기고(떠넘기고) 싶은 사람

새로운 마음

· 밝은 환경, 공기, 상황을 생각

· 나는 어디에도 구속받지 않는다

· 외출로 생각과 감정을 환기시킬 수 있다

전생

· 줏대 없는 행동으로 타인에게 분노를 일으켰던 삶의 카르마

주문

"나는 떠다니는 구름과 같이 가볍고 부드럽다."

용종

원인 되는 마음

· 반드시 해야 하는데 미루고 싶음(또는 미룸)
· 안일한 마음
· 다 안다고 생각함

나를 바라보는 타인의 마음

· 빈틈없는 사람(다가가기 어려운 사람, 친해지기 어려운 사람)
· 어딘가 모르게 허술한 사람
· 품행이 바르지 못한 사람
· 스스로 인정하면 끝인 사람(타인의 평가가 중요하지 않은 사람)

새로운 마음

· 받아들이면 기쁘다
· 천천히 여유롭게 하면 잘 보인다
· 규칙에는 이유가 있다

전생

· 타인을 겁박했던 삶의 카르마
· 마무리를 짓지 못해 타인에게 금전적 피해를 줬던 삶의 카르마

주문

"내 손은 아름다운 신의 손과 같아 불편한 모든 것들을 녹일 수 있다."

위장

원인 되는 마음

· 작은 일을 크게 생각함
· 타인의 감정을 오해함
· 겁을 잘 먹는 사람
· 신경이 예민한 사람
· 놀랄 일이 많은 사람

나를 바라보는 타인의 마음

· 집착이 많은 사람
· 걱정이 많은 사람
· 역할이 많은 사람

새로운 마음

· 사고의 자율성, 유연성 추구
· 지금 이 순간, 상황, 감정에만 충실하자
· 모든 일에는 피해자와 가해자가 아닌, 성장할 자만이 존재한다

전생

· 타인에게 폭력, 압박, 상처를 당했거나 받았던 삶의 카르마(고통에
  벗어나려고 노력하지 않은 업)

주문

"편안함보다 더 깊은 안식으로 충만하다."

위장	원인 되는 마음	새로운 마음

고도비만	·타인을 비판하고 싶음
	·과격한 말
	·지고 싶지 않음
	·움츠러드는 마음(자격지심,
	  낮은 자존감 등으로 인해)
	·부정적인 사고
		·나는 충분히 사랑스럽다
		·나는 품위 있게 행동할 수
		  있다
		·나는 부드럽다

소화장애	·억지로 이해하려고 애씀
	·해결책 없이 수용하려는
	  마음
	·결과에 대한 원인을
	  책임지려는 마음
	·친밀한 사람들의 잘못을
	  덮어주고 싶음
		·모든 일에는 각자의 책임이
		  있다
		·각자의 책임에는 각자의
		  성장이 있다
		·나는 당당하다

위경련	·어쩔 수 없다고 생각함 ·참을 만큼 참았다고 생각함 ·한계에 도달함	·매 순간 이완하는 마음 ·네가 기쁘다면 나는 기꺼이 할 수 있다 ·주변 상황에 무심한 태도

위염	·걱정, 근심할 거리가 많다고
	  느낌
	·자신감 결여, 위축
	·새로운 것에 대한 거부감
		·일상 속에 소소한 행복이
		  존재한다
		·견디지 말고 즐겨라
		·네가 기쁘다면 나는 기꺼이
		  할 수 있다

신께 답을 구하다

위장	원인 되는 마음	새로운 마음
저체중 (살이 안찌는 체질)	· 인정받고 싶음 · 자신감 없는 마음을 들키기 싫음 · 도움 없이 해냈다는 마음 · 자존감이 높음 · 사랑받아 마땅하다 · 눈치가 밝다고 생각함	· 타인의 도움은 나에게 혜택이다 · 더불어 함께하는 마음 · 자연스럽게 흡수하는 마음

유방

원인 되는 마음

· 내가 한 일, 성과를 알아주지 않았을 때의 마음
· 사랑받고 싶음
· 내가 사랑을 주는 대상에게 집착
· 가족관계, 친구 관계에서 애정과 우정이 결핍됨
· 채워지지 않는 결핍으로 외로움

나를 바라보는 타인의 마음

· 집착이 심한 사람
· 안 될 것이 뻔한데 거기에 몰입, 집착하는 사람
· 겁 없는 사람('저 사람은 겁이 없어?')

새로운 마음

· 도움받을 수 있다
· 타인의 도움은 나에게 득이 된다
· 가장 강한 것은 부드럽고 순수한 마음이다

전생

· 두 사람 사이를 이간질했던 삶의 카르마

주문

"나의 선택이 모든 사람에게 좋다는 것을 확신한다."

신께 답을 구하다

유방	원인 되는 마음	새로운 마음
유선염	· 새로운 것에 대한 호기심 · 정당화, 자기합리화 · 일을 가중함 · 항상 일이 있어야 한다는 생각 · 과잉 불안	· 다져진 길을 가면 훨씬 빠르게 당도할 수 있다 · 멈추면 쉴 수 있고 쉬면 옥석을 가릴 수 있다 · 타인을 믿고 의지하는 마음

임신 관련 질환

원인 되는 마음

· (상황, 감정, 사람 등이) 부담스러움
· 어찌 할 수 없어서 울컥함
· 보호자가 없다고 생각함

나를 바라보는 타인의 마음

· 부탁하고 싶은 사람
· 도움받고 싶은 사람
· 한 가지 상황에 빠져 있는 사람
· 어느 한 사람과 관계가 안 좋은 사람

새로운 마음

· 중심 있는 마음
· 강단 있는 마음
· 하나씩 천천히 하다 보면 어느새 해결된다

전생

· 애틋하고 아쉬운 마음에 태아와 다음 생에 반드시 모자 또는
  모녀지간으로 태어나자고 약속했던 전생

주문

"나는 내 삶의 주인이다."

임신 관련 질환	원인 되는 마음	새로운 마음
난임 (불임)	· 강한 책임감 (도움받기 싫어함) · 효녀라고 생각함 또는 효녀가 돼야 한다고 생각함 · 역경, 고난이 많음 · 더 이상 하고 싶지 않음	· 타인의 호의를 있는 그대로 받아들일 수 있다 · 비교하는 마음 내려놓을 수 있다 · 누구의 잘못이 아닌, 더 사랑하기 위함이다 · 애쓰지 않아도 이루어지는 것이 많다

유산	· 유산은 전생과 관련된 사례가 다수다.
	  - 빠른 영혼의 성장을 이루기 위한 경우가 다수
	  - 안절부절못함
	  - 과거를 후회함
		· 더 큰 성장을 할 수 있다는 확신
		· 가장 소중한 것은 나다
		· 사랑의 힘은 길러진다

입덧	· 해야 할 일이 많은데 상황 때문에 자주 지연될 때 · 충분히 보호받지 못한다고 느낌 · 사랑받고 싶음 · 인정받고 싶음	· 내려놓는 마음 · 충분히 자신을 위로해 주는 마음 · 휴식을 즐기는 마음

임신관련 질환	원인 되는 마음	새로운 마음
자궁외 임신	· 보호받지 못해 아팠던 　경험이 많음 · 타인의 감정을 추슬러 주는 　일을 많이 감당함 · 가까운 사람을 　과잉보호하는 마음 · 스스로 생각하기에 　이것저것 할 일이 많음	· 시야를 확장하려는 　마음가짐 · 탁 트인 곳에 탁 트인 　마음으로 멍하니 있어 본다 · 내가 잘 받는 것도 타인에게 　베푸는 것이다

신께 답을 구하다

입

원인 되는 마음

· 통계, 계획을 무기 삼아 타인을 업신여김
· 자신을 알아주지 못함에 답답함, 억울함
· 해결할 일이 많아짐

나를 바라보는 타인의 마음

· 매우 예민한 사람
· 작은 것에 신경을 많이 쓰는 사람
· 걱정은 많은데 해결되지 않는 사람
· 욕심 많은 사람

새로운 마음

· 모든 것에는 해답이 있다
· 과정도 중요하고 결과도 중요하다
· 때론 계획되지 않은 것이 좋은 결과를 만든다

전생

· 타인을 말하지 못하게 했던 삶의 카르마
· 지시에 제대로 따르지 않았던 삶의 카르마

주문

"내 삶은 명확함으로 가득하다."

입	원인 되는 마음	새로운 마음

구내염	· 성과가 적어 낙담함
	· 현실을 외면하고 싶음
	· 자고 싶음
	· 차단하고 싶음
	· 모든 것을 구속이라고
	  생각함
		· 나는 성과에 얽매이지
		  않는다
		· 나는 자유롭다
		· 일은 즐겁고 재밌는 것이다
		· 육체의 휴식

구취	· 자신의 역할을 완벽히 못함
	· 하는 일이 많음
	· 나를 찾는 사람이 많음
	· 남의 것이 탐남
	· 내 말을 믿어 주지 않은
	  경험이 많음
		· 믿고 맡기는 마음
		· 나는 다재다능하다
		· 내가 하는 모든 일들을 잘
		  해낼 수 있다
		· 나는 계획을 세워서 일을
		  차근차근 진행한다

혀	· (타인이 나를 볼 때)
	  까탈스러운 사람
	· 더러운 것을 못 견디는
	  마음(결벽증)
	· 나의 의견을 강력하게
	  주장하고 싶은 마음
	· 명분을 중요하게 생각하는
	  마음
	· 시작이 어려움
		· 쉽게 생각하면 말하기
		  쉬워진다
		· 대의를 우선시하면 생각이
		  쉬워진다
		· 생각의 다이어트는 나의
		  마음을 편안하게 한다

신께 답을 구하다

나라고 여겼던 육체가 사라집니다.
나라 여겼던 마음 또한 텅 비어 사라집니다.
나라 여겼던 몸도 마음도 텅 비어 사라집니다.
나는 텅 비어 존재하지 않습니다.
나는 텅 비었습니다.

- 대광명전달 명상 중

자궁

- 많이 안다고 생각함
- 감시(시시콜콜한 간섭)받고 있다고 생각함
- '왜 나에게만 이런 일이 생기지?'라고 생각함(차별 받는 마음)
- 결과가 빨리 나오기 바라는 마음
- 남이 나를 지적하는 것을 견디지 못하고 힘들어함

나를 바라보는 타인의 마음

- 소심하고 조급한 사람
- 걱정이 많은 사람
- 피해의식이 많은 사람

새로운 마음

- 너그러운 마음
- 용서하는 마음
- 긍정적인 사고

전생

- 품어야 할 사람을 품지 않았던 삶의 카르마

주문

"나는 모든 것을 너그럽게 품을 수 있다."

자궁	원인 되는 마음	새로운 마음

골반염	· 타인의 감정에 무뎌짐
	· 앞으로의 일에 대한 걱정,
	  공포
	· 하기 싫은 일이 많음
	· 낯선 환경에 적응하는 것이
	  버거움
	· 여성스러움을 어필해야 할
	  일을 경험
		· 아름다운 모습은 성별을
		  초월한다
		· 책임을 다하면 감당할 수
		  있는 힘이 많아진다
		· 견디는 것도 사랑이 될 수
		  있다

생리불순	· 이간질 당함
	· 오해를 풀고 싶지 않음
	· 이성에 대한 관심
	· 시기질투가 많음
	  (타인이 나에게, 내가
	  타인에게)
	· 들떠 있는 마음
		· 나에게 일어나는 일들을
		  진지하게 감당하고
		  처리하리라
		· 아니 땐 굴뚝에도 연기가 날
		  수 있다
		· 때를 멈추는 것이 미덕이다

생리통	· 보호받지 못한다고 생각함 · 움츠러드는 마음 · 갑작스러운 상황에 대비하지 못할까 봐 두려움	· 의연한 마음가짐 · 스스로 칭찬할 수 있다 · 신성의 보호로 충만하다

자궁	원인 되는 마음	새로운 마음
자궁근종	· 하고 싶은 건 반드시 해야 됨 · 미래에 대한 걱정, 근심 · 강력하게 피하고 싶은 일을 경험하여 두려움이 생김 · 아무리 애써도 되지 않음에 깊은 좌절, 허탈감	· 상대를 믿고 의지하는 마음 · 모든 일을 쉽게 받아들이는 마음 · 고요 속에 떠오르는 태양을 상상하면 활력이 넘친다
자궁 내막증	· 불평등을 경험하며 느낀 분노 · 원리원칙. 규칙을 과하게 중시함 · 상황에 순응하지 않음 · 만족하지 못함 · 관심이 간절히 필요함	· 상황을 유연하게 바라보는 마음 · 상황에 대한 여여함 (상황에 매이지 않기) · 상황에 순응할 때 편안하다
자궁탈출	· 무관심한 마음 · 압박받는 마음 · 집착적으로 절약하려는 마음 · 노동에 대한 강박	· 주변을 세심하게 관찰할 줄 아는 마음 · 다른 사람의 눈치를 보지 않고 자신감 있게 행동하는 마음 · 즐겁게 일을 하는 마음

신께 답을 구하다

저혈압

원인 되는 마음

· 감당하기 어려운데 반드시 해결해야 하는 상황
· 잘하고 있지만 불안함(잘못되었다고 할까 봐)
· 남을 의식하는 마음

나를 바라보는 타인의 마음

· 강한데 잘 꺾이는 사람
· 인정받고 싶어 하는 사람
· 이해하기 어려운 사람
· 약한 것 같은데 강한 사람

새로운 마음

· 지금, 이 순간이 좋다
· 나에게 너그러워지자
· 사랑이 커진다는 것은 감당하는 힘이 커진다는 것이다

전생

· 책임자의 위치에서 강등당했던 삶의 카르마
· 나보다 한참 아랫사람이 나를 제치고 올라갔던 삶(억울함, 못마땅함)의
  카르마

주문

"매 순간의 자족으로 평안하다."

전립선

원인 되는 마음

- 실패에 대한 두려움
- 자존심이 상한 자리를 파괴하고 싶음(벗어나고 싶음)
- 자유롭고 싶음
- 굴욕을 느낌

나를 바라보는 타인의 마음

- 추진력 있는 사람
- 강압적인 사람
- 강요하는 사람

새로운 마음

- 나를 사랑하는 마음(타인의 평가에서 벗어나기)
- 상황을 직시할 줄 아는 마음
- 카리스마는 가장 부드러울 때 나온다

전생

- 자식을 고통스럽게 했던 삶의 카르마

주문

"다른 사람을 배려하는 마음으로 충만하다."

신께 답을 구하다

전염병

'현재 당신의 마음이 시대정신을 만든다.'

한 시대를 휩쓴 전염병은 남녀노소, 지위고하, 부귀영화를 따지지 않고 찾아온다. '내가 누구인가, 어떤 사람인가?' 그것은 전혀 중요하지 않다. 내가 누구든지 간에 나는 다른 사람과 연결되어 살고 더 크게는 사람 또한 자연의 일부라는 사실만 남는다.

원래 이렇게 모든 존재는 하나로 완전히 연결되어 있다. 연결되어 있으나 연결되어 있다는 것을 모르는 그 마음이 깨닫지 못한 어리석은 마음이다. 하나로 연결된 존재라는 것을 모르니, 나만 잘살기 위해서 아등바등한다. 그러나 전 세계적으로 발생하여 유행하는 전염병을 경험하고 나면 그제야 알게 된다. 세상은, 우리는 이토록 가깝게 연결되어 있다는 것을, 나 하나만 잘 산다는 것은 아무런 의미가 없다는 것을.

그래서 전염병을 통하여 시대정신을 알 수 있다. 한 사람의 병은 그 사람의 마음에 원인이 있다고 이해한다면 시대를 강타한 전염병은 무수히 많은 사람의 마음이 뭉쳐져서 나온 결과임을 알게 된다. 많은 사람의 의식이 강해질 때 그 의식은 힘을 갖고 그 의식이 선한 것이 아닐 때 자정(自淨)할 수 있는 사건이 일어난다. 그것이 전염병이다.

흑사병

원인 되는 마음	내가 더 잘 살고 잘 먹고 높은 자리에 오르고자 하는 마음이 극에 달했던 시대이다. 사리사욕을 채우는 데 불법적인 많은 것을 서로 허용하였다. 계급사회에서 군림하고 싶은 사람들의 욕망과 군림을 피하고 싶었던 사람들의 강력한 분노가 뒤섞여 있던 때다. 무수한 사망자 중에 당연히 권력과 재력을 가진 이들도 있었기에 이 질병을 통하여 전반적으로 삶의 허무함을 느끼게 되었다.
새로운 마음	내가 현재 누리고 있는 많은 것이 나의 것이 아니라, 모두의 것임을 알 때 함께 살아가는 것에 대한 감사함이 온다. 모든 것은 자연에서 오는 축복이며 우리가 누리는 것은 누구의 것이 아닌, 모두의 것이라는 알 때 더불어 사는 세상이 될 수 있다.

콜레라

원인 되는 마음	능력 있는 강력한 통치자가 나타나기를 갈망하는 마음이 강한 때였다. 나를 잘살게 해줄 수 있는, 나를 더욱더 편안하게 해 줄 수 있는 영웅 같은 인물이 나타나기를 바라는 마음이 컸다. 그런 존재들로 인하여 편안하게 안주하고 싶은 마음이 많았다. 그래서 공산주의가 생겨나고 민족주의가 강해지기도 하였다.
새로운 마음	'나는 내가 챙기고 보호해야 하는구나.'라는 자립적인 마음이 생겼다. 좋은 나라는, 좋은 세상은 한 명의 영웅이 아닌 함께 만든다는 것을 알게 되었다. 내가 영웅의 마음을 가져야 나도 보살피고 타인도 보호할 수 있다.

사스

원인 되는 마음	비교하는 마음이 커졌다. 비교하는 마음에 열등과 우열이 팽배해졌다. '네가 잘살면 나도 잘살아야지' '내가 못살면 너도 못살아야 해'라는 마음이 커졌다. 내가 양보하고 봉사하고 희생하면 손해라는 생각을 많이 하게 되었다. 국가도 해 준 것이 없다고 생각하였다. 잘살아도 다 같이 못살아도 다 같이 이와 같은 피해의식으로 인해 발생하였다.
새로운 마음	누구나 잘살고 싶다. 그러나 잘살기 위해서는 남을 위해서 베푸는 마음이 커졌을 때 가능하다. 남에게 피해를 주고도 잘살 수 있다는 생각은 욕심이다. 남에게 피해를 줘도 나만 잘살면 되지라는 마음이 커졌을 때 이 질병이 발생하였다. 인간을 사랑하기 위해서 인간에 대한 본질적인 존엄성, 생명에 대한 경외가 필요하다.

코로나

원인 되는 마음	혼자만의 시간을 갖고 싶어 하는 사람들의 마음이 커졌다. 혼자 즐기면서 일상의 고립을 자처하는 마음이 사회적으로 팽배해졌다. 사람과의 관계에서 노력하고 싶지 않은 마음이 커졌다. 인간관계에 노력하느니, 조금 덜 벌더라도 나 혼자 먹고, 나 혼자 즐기고, 나 혼자 살고 싶다는 마음이 강력해졌다. 또 '내가 애써서 얻은 것을 왜 나누어야 해?'라는 개인 이기주의가 고조되었다.
새로운 마음	타인과 관계를 맺지 않을 때 우리의 삶은 의미가 없다. 나 혼자 잘 먹고 잘살 수 있다는 마음은 허무주의라는 목적지에 도달하여 고독사라는 결과를 맞이할 뿐이다. 생명의 가장 큰 목적은 사랑의 관계를 맺는 것이다. 서로 주고받는 것을 완성하기 위해서 태어났다. 나의 이유는 너에게 있다는 것을 알아야 한다.

절단

원인 되는 마음

· 벗어나고 싶은 강력한 마음
· 강력하게 원한 것의 단절
· 스스로가 안타깝게 느껴짐

나를 바라보는 타인의 마음

· 어떻게 도와줘야 할지 알 수 없는 사람
· 매정한 사람
· 속을 알 수 없는 사람

새로운 마음

· 스스로의 억압에서 자유로움
· 매일 감사한 것들은 존재한다
· 내 속을 드러내야지 쉽게 풀린다

전생

· 많은 것을 성취하려고 죽음까지 감수했지만 결국 실패했던 삶의
  카르마
· 큰 은혜를 얻었지만 감사함을 표하지 않았던 삶의 카르마

주문

"나를 구속하는 모든 것에서 나는 자유롭다."

신께 답을 구하다

정신질환

원인 되는 마음

· 알 수 없는 마음이 많음
· 원인과 결과가 명확해야 한다고 생각
· 의존적인 마음
· 불만족스러운 마음
· 분노, 공포가 많음
· 당황하는 일이 많음
· 괴로운 마음(모든 감정의 결과가 괴로움이라 생각)

나를 바라보는 타인의 마음

· 의존성은 강한데 타협이 잘 안 되는 사람
· 자기 것만 강조하는 사람(이기적)
· 개성이 강한 사람

새로운 마음

· 작은 일이라도 성취하면 뿌듯하다
· 미래에 대한 기대감으로 가득하다
· 선두주자의 마음

전생

· 타인(대부분 현생의 가족)을 억울하고 답답하게 만들었던 삶의 카르마
· 강제 결혼, 강제 인연, 강제로 타인을 겁박했던 삶의 카르마

주문

"항상 내가 하는 모든 결과는 뿌듯하고 자랑스럽다."
"그 속에 내 가족이 함께하여 즐겁다."

정신질환	원인 되는 마음	새로운 마음

과호흡	· 닥친 상황을 거부하고 싶음
	· 일에 대한 부담감
	· 현재 상황(일)을 외면함
	· 더 해야 하는 일을 경계하는
	  마음
		· 소신을 갖고 당당하게
		  받아들이는 마음
		· 모든 일은 내가 감당할 수
		  있는 만큼만 주어진다
		· 찬찬히 보면 완성도가
		  높아진다

난독증	· 일상생활에 지장을 줄 만큼
	  호기심이 많음
	· 고집스러움
	· 부모에게 의존하는 마음
	· 행위가 거친 사람
	· 배려심이 부족한 사람
	· 돌발행위로 타인을
	  당황하게 하는 사람
		· 능동적인 마음
		· 차분한 마음은 집중력을
		  높인다
		· 욕심을 내려놓으려는
		  마음가짐

다중인격 장애	· 인정받고 싶은 간절한 마음 · 오래살고 싶음 · 리더가 되고 싶음 · 창조주라고 생각함 · 참을성 결여	· 때로는 침묵이 금이다 · 단순함도 매력이다 · 진심은 강력한 힘을 가진다

마리
앙투아네트
증후군
	· 늙는 것에 대한 두려움
	· 감당하기 힘든 일들을
	  처리함
	· 기시감을 많이 경험하여
	  두려움(전생의 마음)
		· 자연의 섭리는 아름답다
		· 함께 일하려 노력하는 마음
		· 새로운 것은 두려운 것이
		  아닌, 설레는 것이다

신께 답을 구하다

정신질환	원인 되는 마음	새로운 마음
불안장애 (공황장애)	· 당황스러운 상황이 생김 　또는 감정을 느낌이 생김 · 방황하는 마음 · 결단력이 없음 · 급작스러운 것에 대한 항변 　(견디지 못함) · 책임지는 것을 두려워하여 　회피함	· 시간은 길다 · 여유로운 마음가짐 · 나의 마음은 화평함으로 　가득하다
빙의	· (어떤 감정이던 간에) 　극강의 감정 · 쳐다보기도 싫음 · 죽어버렸으면 하는 마음 · 지루한 마음 · 관심 받고 싶음 · 일을 대신해줬으면 함	· 삶에 대한 환희 · 타인의 상황에 공감 · 나의 행동에 대한 믿음
섭식장애	· 외모를 중시함(아름다움 　동경) · 외면당할까 봐 두려움 · 부모에 대한 증오 · 부러워하는 마음	· 스스로에 대한 자신감 · 가족을 사랑하는 마음 · 나는 나로서 아름답다
조울증 (양극성 장애)	· 호불호가 강함 　(호와 불호가 자주 바뀜) · 자존감 회복이 안 됨 · 감당하기 힘듦 · 상대를 헷갈리게 하고, 긴장, 　두려움, 낙담하게 만듦	· 상황을 명확하게 분석할 때, 　편안함을 얻을 수 있다 · 사람은 사랑받기 위해 　존재하다 · 사람은 사랑하기 위해 　존재한다

정신질환	원인 되는 마음	새로운 마음
조현병 (정신분열)	· 견디기 힘듦 · 지독한 외로움 · 지독한 간섭을 받음 · 무책임함 · 도피하고 싶음 · 괴롭히고 싶음 · 해결 안 될 일을 벌여 　가족에게 실망을 많이 줌	· 나를 구속하는 건 나다 · 나로부터의 해방 · 직시하면 숨겨진 마음을 볼 　수 있다
주의력결핍 과잉 행동 장애 (ADHD)	· 폭력적 성향 · 사랑받고 싶음 · 하고 싶은 것이 많음 · 친절하지 않으면 나를 　싫어한다고 생각함	· 사람에 대한 존중, 삶에 　대한 존중 · 사랑하면 사랑받는다 · 자유는 책임을 동반한다
중독 (흡연, 알코올)	· 일탈하고 싶은 상황 또는 　마음이 생김 · 불평, 불만하는 마음 · 내 삶에 만족하지 못함 · 소심함 · 타인에게 냉소적 · 타인 또는 나에게 무관심함	· 도움은 청할 때 받을 수 　있다 · 절제는 나를 보호하는 　장치이다 · 강력한 의지는 안식을 　느끼게 한다

신께 답을 구하다

정신질환	원인 되는 마음	새로운 마음

치매	· 오래 살고 싶음
	· 죽음에 대한 두려움
	· 사람을 싫어하는 마음
	· 내 것을 지키고자 하는 마음
	· 대접받고 싶음
	· 타인에게 관심이 너무 많음
	· 시시콜콜한 것을 중요하게
	  생각함
	· 나를 끝까지 책임져 줄
	  것이라는 믿음
	· 보호받지 못할 것 같은 마음
	· 전쟁을 겪었던 전생의 카르마
	· 가장 가까운 보호자와의
	  카르마를 해결하고 싶은 마음
		· 이를 바라보는 보호자의
		  마음
		  - 진심으로 보살피기

특정
공포증
	· 사랑받고 싶음
	· 보호받고 싶음
	· 타인에게 행복이 되고 싶음
	· 감각이 예민하여 많은 것을
	  느낌
		· 나는 사랑받지 않아도
		  스스로 온전할 수 있다
		· 사랑할 때, 사랑받을 수 있다
		· 나는 신의 보호 속에서
		  안전하다

틱장애	· 철없는 마음
	· 분노 조절이 안 됨
	· 억울한 마음이 많음
	· 피하고 싶은 일이 많음
	· 자존심이 강함
	· 미래에 대한 공포
	· 침해에 대한 공포
	  (죽음까지 생각)
		· 범사에 감사한 마음
		· 피하지 않고 견디는 것이
		  힘이다
		· 나를 존중한다는 것은
		  존중받을 행위를 했다는
		  것이다

ㅈ

직장

원인 되는 마음

- 결과를 중요하게 여기지 않음
- 내가 많이 한다고 생각함(거만)
- 달면 삼키고 쓰면 뱉음
- '무엇이든지 괜찮아'라는 마음

나를 바라보는 타인의 마음

- 나의 공을 가로채는 사람
- 권모술수에 능한 사람
- 용두사미인 사람
- 해야 하는 일을 남에게 전가시키는 사람
- 결정을 내리지 못하는 사람

새로운 마음

- 타인을 사랑하는 마음
- 타인을 배려하는 마음
- 선한 의도는 선한 결과를 만든다

전생

- 나이에 맞지 않는 삶을 살았던 카르마

주문

"나는 어떤 상황에서도 평안함으로 충만하다."

나의 마음이 나를 창조한다.
나의 병은 나의 어떤 마음이 창조하였는가?

- 스승님 말씀 중에

척추

원인 되는 마음

· 완벽을 추구하는 마음
· 자유롭고 싶음
· 간섭받고 싶지 않음
· 고집스러운 마음

나를 바라보는 타인의 마음

· 고집불통인 사람
· (자신이 원하는 것에) 헌신적인 사람
· 궁상떠는 사람

새로운 마음

· 자신에게 너그러울 줄 아는 마음
· 겸손, 겸허할 줄 아는 마음
· 모든 일에 있는 힘을 다 쏟을 필요는 없다

전생

· 타인의 자존심을 굴복시켰던 삶의 카르마

주문

"나는 모든 사람의 마음을 받아들일 준비가 되었다."

신께 답을 구하다

척추	원인 되는 마음	새로운 마음
꼬리뼈 (미추)	· 불만이 가득하나, 표현하면 안 된다고 생각함 · 사소한 것에 신경 쓰는 마음 · 지금 하고 있는 일 말고 다른 일이 하고 싶음	· 현재 상황을 받아들이면 편하다 · 수용은 빠른 전개를 만들어낸다 · 미미한 일들은 나를 귀찮게 할 수 없다
뒷목(경추)	· 챙겨야 할 사람이 많음 · 상황을 이끌어가야 한다는것이 버거움 · 극심한 스트레스를 느낌 · 내가 책임질 사람, 상황이 많음	· 사랑하면 부담에서 벗어날 수 있다 · 나로 인해 성장할 사람이 많다 · 스스로의 일에 자부심을 가져도 좋다
등허리 (흉추· 요추)	· 충격적인 일을 경험 · 나의 사상으로 이해할 수 없는 것을 봤거나 경험함 · 이해할 수 없는 상황이 생겨서 스트레스가 심함 · 나를 도와주는 사람이 없음	· 나는 어떤 것에서도 구애받지 않고 편안하다 · 새로운 것을 경험할 때, 나의 의식이 확장된다 · '그럴수도 있지' 하고 넘길 수 있는 의연함
척추측만증	· 해야 할 게 많다고 생각함 · 할 건 많은데 하기 싫어 투덜거림 · 비판적인 사람 · 보호자의 비판적인 태도	· 나는 충분히 사고를 확장할 수 있다 · 많은 상황을 인정하는 마음 · 나무보다는 숲을 보기

척추	원인 되는 마음	새로운 마음
추간판 탈출증 (디스크)	· 해결되지 않는 일에 대한 강력한 스트레스 · 상황을 감내할 수 없음 · 신경 쓸 일이 많음 · 정해진 틀에서 벗어나는 것을 견디지 못함	· 지금 이 순간 깊은 평화로 충분하다 · 나는 덤덤한 사람이다 · '그럴수도 있지!'라고 봐주는 마음

신께 답을 구하다

췌장

원인 되는 마음

· 보호받고 싶음
· 보호자, 책임자가 없다고 생각함
· 재산 손실에 대한 걱정

나를 바라보는 타인의 마음

· 자기 멋대로인 사람
· 강한 사람
· 거친 사람

새로운 마음

· 책임감 있는 마음
· 확신에 찬 마음(자신감)
· 나는 소중한 사람이다
· 부드러운 손길로 나를 어루만져 줄 수 있다

전생

· 타인의 보호자를 빼앗았던 삶의 카르마

주문

"나를 보호하는 에너지로 나는 충만하다."

췌장	원인 되는 마음	새로운 마음
췌장염	·알 수 없는 무언가가 거슬리는 마음 ·상황이 완전히 해결되지 않아 꺼림칙함 ·욕심이 과함	·아무 생각 없이 멍하니 있기 ·할 일이 없으면 쉬기 ·자연친화적인 생활방식은 나를 평화롭게 한다

신께 답을 구하다

치아

원인 되는 마음

· 내면 깊이 있는 두려움
· 드러내고 싶지 않음
· 체면치레하는 마음

나를 바라보는 타인의 마음

· 침묵이 무기인 사람
· 잔소리가 심한 사람
· 은근히 잘 속이는 사람
· 잘 삐치는 사람

새로운 마음

· 다양한 경험이 나를 발전시킨다
· 부드러운 마음은 친절한 말이 된다
· '조화로움'은 드러내지 않고 내 역할을 해낼 때 가능하다

전생

· 거칠게 관계를 맺었던 삶의 카르마
· 사람을 배신, 배반했던 삶의 카르마
· 타인을 이 갈게 했던 삶의 카르마

주문

"내가 하는 모든 말에 사랑이 가득하다."

치아	원인 되는 마음	새로운 마음
덧니	· 해야 하는 말을 하지 않음 · 비밀이 들킬까 봐 두려움 · 동급생들이 버거움 또는 만만함 · 표출하지 못하는 분노	· 나는 보호자로부터 사랑받고 있다 · 매사에 긴장하며 살 필요는 없다 · 산뜻한 사고방식은 내 몸을 부드럽게 한다 · 스스로 몸을 만지며 명상하기
발치	· 마음 한 구석이 답답함 · 원인 모를 짜증 · 상황이 정리되길 바람	· 머리가 맑아지면 분명해진다 · 마음이 투명해지는 것을 상상하기 · 비워야 채워진다
부정교합	· 식탐이 타인보다 많음 · 눈치 없음 · 순리에 맞지 않는 것을 바람 · 타인이 순리에 맞지 않게 행동할 때 견디지 못함 · 상황에 맞지 않는 말을 함	· 상황을 인내하는 힘을 기르는 마음가짐 · 내가 말하지 않아도 그 상황에 속할 수 있다 · 고운 말과 행동은 나를 아름답게 만든다 · 상황에 맞는 적절한 말은 유대감을 형성한다

신께 답을 구하다

치아	원인 되는 마음	새로운 마음
잇몸질환	· 지친 마음 · 외로움(풍요 속 빈곤) · 보호자의 죽음 · 고집스러움 · 혼자 살고 싶음 · 모든 것을 간소화하고 싶음 · 드러나는 것을 극도로 꺼림	· 나는 즐거운 마음으로 가득하다 · 나는 아직 심신이 건재하다 · 말하면 쉬워진다
충치	· 이직하고 싶음 · 변화하고 싶음 · 정리(사람, 생각)하고 싶은 간절함 · 결과, 성취를 보고 싶음 · 새로운 일을 하고 싶음	· 스스로 격려(응원)하는 마음 · 타인을 있는 그대로 받아들이는 마음(인정) · 나에게 익숙한 이 자리가 편히 쉴 수 있는 곳이다

ㅋ

모든 마음이 사라지고
그 실체가 존재하지 않는다는 것을 알 때,
병을 있게 했던 마음도 허상임을 깨닫게 된다.

깨달음이 일어날 때의 에너지는 몸의 병을 치유하게 된다.

- 스승님 말씀 중에

코

원인 되는 마음

· 민감하고 민첩하고 예민함을 자랑하고 싶음
· 자존감, 자아 성취감이 높음
· 자존심 상함
· 연민이 많음

나를 바라보는 타인의 마음

· 철두철미한 사람
· 실수를 용납하지 않는 사람
· 콧대가 높은 사람
· 삶이 고생스러운 사람
· 쓸데 없이 도와주는 사람
· 다 된 밥에 코 빠트리는 사람

새로운 마음

· '나보다 나를 더 잘 아는 사람이 있구나'라고 타인을 인정하는 마음
· 자아성찰하는 마음
· 능수능란도 신중함이 필요하다

전생

· 둔하여 일을 그르쳤던 삶의 카르마

주문

"나를 사랑하는 사람이 충분히 많다."

신께 답을 구하다

코	원인 되는 마음	새로운 마음

비염	· 사회를 비판하고 싶은 마음
	· 외모가 마음에 들지 않음
	· 무리수를 둠
	· 타인의 감정에 신경 쓰지
	  않음(외면)
	· 슬퍼하는 마음
		· 솔직한 표현이 나를
		  편안하게 한다
		· 내면의 아름다움에
		  집중하는 마음가짐
		· 주어진 내 일상을 담담하게
		  바라보는 마음

비중격
만곡증
	· 눈치 없음
	· 간섭받고 싶지 않음
	· 타인을 전혀 신경 쓰지 않음
	· 도태되는 마음
		· 친절하게 설명하는 마음
		· 때로는 단호한 태도가
		  배려가 된다
		· 뚜렷한 주관은 갈등을
		  해소시킨다

축농증	· 희망이 없다고 느낌
	· 회의감을 느낌
	· 더 이상 할 수 없음(포기)
	· 보호받고 싶음
		· 내 힘으로 거뜬하다(자립)
		· 소소한 일에서도 성취감을
		  느낄 수 있다
		· 나는 신성의 보호로
		  안전하다

이 세상은 온통 사랑받지 못함에 길들여져 있다.
때문에 진실한 사랑에서 멀어져 있다.

신의 사랑으로 나를 사랑하라.
신이 나를 사랑하듯 전적인 사랑을 받아야 한다.

- 스승님 말씀 중에

탈장

원인 되는 마음

- 받아들일 수 없는 외부적 요소가 생김
- 윗사람의 지시가 부담스러움
- 타인의 결정에 서운함
- 깊은 배신감으로 인해 도피하고 싶음
- 새롭게 시작하고 싶은 마음

나를 바라보는 타인의 마음

- 불안정한 사람
- 불쌍한 사람
- 도움이 필요한 사람
- 내숭 떠는 사람

새로운 마음

- 지금은 단호함이 필요할 때이다
- 단순함이 단단함을 만든다
- 흔들리지 않는 중심이 나를 성장하게 한다
- 인정하는 마음이 수용의 시작이다

전생

- 많은 상황을 이해하고 받아들여야 했지만 그러지 않고 참아내기만
  했던 삶의 카르마

주문

"나는 뿌리 깊은 나무처럼 흔들리지 않고 단단하다."

신께 답을 구하다

턱

원인 되는 마음

· 하고 싶은 말이 많음(변명, 수다, 뒷담화 등)
· 능력은 안 되는데 하고 싶은 건 많음
· 높은 지위에 오르고 싶음
· 부유하고 싶은 간절함
· 노고를 인정받지 못해 속상함

나를 바라보는 타인의 마음

· 게으른 사람
· 과한 사람(과잉친절, 과잉설명, 과잉배려 등)
· 잘하는데 결실이 없는 사람
· 사교성이 있지만 깊게 사귀지 못하는 사람

새로운 마음

· 자로 잰 것 같은 정확한 생활을 위한 마음(꾸준히, 규칙적인)
· 경청은 대화의 시작이자 끝이다
· 끝까지 가서 결과를 내는 것이 능력이다

전생

· 타인을 억울하게 만들었던 삶의 카르마
· 모함, 험담했던 삶의 카르마
· 해야 할 일을 하지 않았던 삶의 카르마

주문

"다른 사람을 위한 감동적인 언행은 나를 기쁘게 한다."

Ⅱ

어린 제자가 물었다.
"왜 사랑받은 일보다, 사랑받지 못한 일이
더 기억에 남아, 마음을 아프게 하는 것일까요?"

스승님께서 답하셨다.
"사랑받는 것은 당연하고 자연스러운 일이기에
기억에 남지 않는다.
그러나 사랑받지 못한 것은,
자연스러운 것을 거스르는 것이기에
마음에 남는 것이란다."

- 스승님 말씀 중에

파킨슨병

원인 되는 마음

· 급하게 성취하고 싶음
· 고집하는 마음
· 경직되는 상황을 다수 경험
· 모든 일(상황)을 나만 감당하고 있다고 생각함
· 강력하게 차별당했던 과거

나를 바라보는 타인의 마음

· 급한 사람
· 될 때까지 밀어붙이는 사람
· 부담스러운 사람
· 말이 강한 사람

새로운 마음

· 너그러운 마음
· 되돌아(참회)볼 줄 아는 마음
· 타인의 부정적인 부분에서 얻을 수 있는 교훈은 크다(반면교사)

전생

· 타인의 성과를 가로챘던 삶의 카르마

주문

"나와 남을 되돌아보고 눈물을 흘릴 수 있다. 이 눈물은 나를
변화시킨다."

팔

원인 되는 마음

· 사람을 챙기는 것이 버겁게 느껴짐
· 결과를 얻지 못함
· 대가가 부족하다고 느낌
· 도움이 필요할 때 외면함

나를 바라보는 타인의 마음

· 욕심이 과한 사람
· 지켜야 할 것을 지키지 못하는 사람
· 배려가 없는 사람
· 수용성이 없는 사람

새로운 마음

· 애정도 인정도 충분하다
· 균형 잡힌 마음은 나를 평안하게 한다
· 희생할 때 지킬 수 있다

전생

· 팔을 사용해 죄를 지었던 삶의 카르마(갈취, 문서사기, 폭력 등)

주문

"나는 행운의 빛과 아름다움으로 둘러싸여 있다."

폐

원인 되는 마음

· 자연스러운 것을 좋아하는데 부자연스러운 경험을 자주 함
· 스스로 잘한다고 생각함
· 자유롭고 싶은데 자유를 빼앗겼다고 생각함
· '그건 틀렸어, 그건 아니야'라고 거부함
· 가장의 역할을 맡게 됨

나를 바라보는 타인의 마음

· 철두철미한 사람
· (가족이 봤을 때) 냉정한 사람(찔러도 피 한 방울 안 나올 거 같은 사람)
· (가족 외 타인이 봤을 때) 정이 많은 사람

새로운 마음

· 균형 잡힌 마음
· 나를 귀하게 여기는 마음
· 나의 책임감은 가장 큰 사랑이다

전생

· 나의 계획으로 사람을 잃었던 삶의 카르마
  예)전쟁의 수장

주문

"신은 나를 깊이 존중한다, 그 사랑으로 나는 충만하다."

폐	원인 되는 마음	새로운 마음
기흉	· 속이는 마음 · 한 입으로 두말함 · 가슴 아픈 기억이 사라지지 않음 · (타인이 나를 볼 때) 감언이설 하는 사람	· 진중한 마음 · 깊게 관찰하는 마음 · 관심은 지구력이다
만성기침	· 중단하고 싶음 · 완성했을 때, 타인의 반응을 두려워하는 마음 · 고립을 자처함 · 속마음이 들킬까 봐 아닌 척하는 마음	· 나는 잘 하는 사람이다 · 하고 싶지 않은 일을 내려놓는 용기도 내면의 힘이다 · 홀로 있는 시간은 성장을 위한, 깊은 침묵의 시간이다
천식	· 내가 주도해서 이끌어가고 싶음 · 타인의 말을 교정하고 싶음 · 타인이 듣기 싫어하는 말을 많이 했던 삶의 카르마	· 타인을 믿는 마음 · 내가 개입하지 않아도 상황이 정리될 수 있다 · 나의 침묵이 가장 큰 교훈이 될 때가 있다
폐결핵	· 고발하고 싶음 · 화내고 싶음 · 한이 맺힐 만큼 강력한 상황을 경험함 · 과거를 그리워함 · 가족을 연민함	· 나는 자유롭게 말할 수 있으니, 초조할 필요가 없다 · 짧았던 지난 날보다 긴 앞 날이 나를 살게 한다 · 유연한 사고는 고통에서 벗어나게 한다

폐	원인 되는 마음	새로운 마음

폐렴	· 쉬고 싶음
	· 안식하고 싶음
	· 해내야 된다는 부담감
		· 충분한 휴식을 취해도
		  뒤처지지 않는다
		· 너의 책임과 나의 책임이
		  만나 우리의 삶을 이룬다
		· 휴식에도 때가 있다, 지금은
		  쉴 때이다

폐부종	· 사람을 만나는 상황에 대한
	  막연한 두려움
	· 감당할 수 없는 상황을
	  과하게 힘들어함
	· 궁지에 몰렸다고 느낌
		· 강한 마음
		· 건강한 정신은 건강한
		  마음을 만든다
		· 차분하고 깊은 호흡은 나를
		  안정되게 한다

신께 답을 구하다

피부

원인 되는 마음

· 모든 것에 관대함
· 자유로움을 원함
· 관심 받고 싶음
· 자존감이 낮아짐
· 타인에겐 엄격하고 본인에겐 관대함
· 실수하지 않으려고 애씀

나를 바라보는 타인의 마음

· 집념이 강한 사람
· 짜증이 많은 사람
· 울그락 불그락 하는 사람
· 교만, 자만하는 사람
· 스스로 호인이라 생각하는 사람

새로운 마음

· 타인을 따뜻한 마음으로 바라보는 마음
· 타인을 사랑하는 마음
· 인내는 상황을 정확하게 바라보는 방법이다

전생

· 뒤에서 사람을 조종했던 삶의 카르마

주문

"나는 모든 사람과의 조화로 충만하다."

피부	원인 되는 마음	새로운 마음

건선	· 부탁을 거절하지 못함
	· 잔소리(타인이 듣기
	  싫어하는 말)를 하고 싶음
	· (타인이 나를 볼 때) 대화가
	  안 통하는 사람(소통불능)
		· 깨끗한 것이 좋다
		· 생기충전의 시간은
		  중요하다
		· 간결하고 단호한 것도
		  대화의 방법이다

괴사	· 사랑받지 못해서 느끼는
	  강력한 우울함
	· 깊은 외로움
	· 삶의 방향성을 정하지
	  못하여 방황함
		· 적극적으로 사랑하는 마음
		· 사람과 많은 대화를
		  시도하려는 마음
		· 사랑은 받는 것보다 줄 때
		  행복하다

기미	· 생이별을 경험
	· 삶에 즐거움이 없음
	· 삶에 의욕, 열정, 기대가
	  없음
	· 새로운 환경에 적응하기
	  어려움
	· 급하게 해결하려는 마음
		· 미래에 대한 기대감
		· 나는 신으로부터 안전하게
		  보호받고 있다
		· 관심을 기울이면, 모든 것이
		  새롭게 보인다

농가진	· 많은 것을 제한받아
	  저항하고 싶음
	· 사랑으로 보호받지
	  못했다고 생각함
	· 어떻게 해야 할지 모르겠음
		· 사랑을 주는 모습은
		  다양하다
		· 관심은 다양한 모습으로
		  온다
		· 나에게 해결책이 있다

신께 답을 구하다

피부	원인 되는 마음	새로운 마음
다한증	· '한계는 깨라고 있는 거야'라고 생각함 · 감정조절의 미숙함(유대관계 결여) · 나의 잘못(실수)에는 다 이유가 있다고 여김(명분을 강력히 주장) · 자존심이 강함 · 현실 감각 결여 · 긴장감	· 타인과의 조화를 추구하는 마음가짐 · 유연한 사고는 나를 부드럽게 한다 · 내 감정에서 벗어날 때 비로소 주위가 보인다
동상	· 부주의한 마음(안전 불감증) · 안일한 마음 · 참는 데 한계가 옴	· 계획적인 생활은 나를 보호해준다 · 안전이 제일이다 · 준비하는 마음
무좀	· 물건을 버리지 못함 · 무시하는 마음 · 대충하고 싶음	· 대범한 마음가짐 · 방해하는 모든 것들로부터 나는 자유롭다 · 나는 구속, 속박으로부터 시원하다
백반증	· 윗사람에 대한 경계 · 과잉보호를 받음 · 급한 마음	· 느긋한 마음으로 스스로를 돌아볼 줄 아는 마음 · 몸 속 모든 세포에 생명력이 있다고 믿는 마음 · 타인을 여유롭게 긍정적으로 생각하는 마음

피부	원인 되는 마음	새로운 마음
비늘증 (어린선)	· 사고를 꼬아서 하는 사람 · 말로 사람을 조종한 삶을 　살았던 전생 · 사람의 말을 곧이곧대로 　받아들이지 못하는 사람	· 고운 말이 고운 마음을 　만들고, 고운 마음이 고운 　말을 만든다 · 무조건적인 믿음은 멍청함이 　아닌 지혜로움이다 · 깊은 호흡 한 번으로 　평안해질 수 있다
사마귀	· 관심받고 싶음 · 안일한 마음(대충 하는 마음) · 내 마음대로 하고 싶은데 　안 됨 · 너무 힘드니, 더 이상 　건들지 말았으면 함	· 삶에 대한 만족 · 꾸준히 하는 마음 · 내가 말하는 모든 것이 　유익하다
소양증	· 애써 참음 · 소심함 · 견디기 힘듦 · 사랑받고 싶은 간절함 · 요행을 바라는 마음(조금만 　하고 큰 결과를 바람)	· 꾸준한 마음 · 적극적인 마음 · 나는 사랑스럽다
습진	· 작은 일을 크게 떠벌려서 　말하고 싶음(침소봉대) · 질척거리는 마음 · 내 고민이 제일 크고 　우선이라고 생각함 　(자기주장이 강함)	· 사람과 적당한 거리를 　유지하기 · 남의 말이나 행동을 그대로 　받아들이기 · 고민을 나누면 걱정이 　줄어든다

신께 답을 구하다

피부	원인 되는 마음	새로운 마음
아토피	· 냉정한 마음 · 외면하고 싶음 · 짜증이 많음 · 걱정, 근심이 많음	· 열린 마음, 밝은 태도 · 매 순간 사랑으로 가득하다 · 걸림 없이 수용하는 마음에 평화가 깃든다
액취증	· 피해받는 것을 매우 싫어함 · 부당한 마음에 대한 저항, 반항 · 이성에 대한 관심 증폭 · 정당함을 강조하는 마음 (합리화) · 성적매력(남성성, 여성성) 중시 · 고민해결이 잘 안됨	· 하나씩 해결하는 여유로운 마음 · 어려운 것보다 쉬운 것을 먼저 선택하기 · 매력은 외모보다 마음에서 온다
어루러기	· 할 수 없다는 마음이 많음 · 하기 싫은데, 하기를 요구하는 사람이 많음 · 깊은 좌절을 느낌 · 자존심 상한 일을 겪음 · 상실감으로 좌절함	· 하면 잘 할 수 있다 · 뭐든지 하면 된다 · 막상 하면 즐거운 일들이 많다

피부	원인 되는 마음	새로운 마음
여드름	· 불편한 것(타인의 지적 등)을 참지 못함 · 빨리 결과를 보고 싶음 (조급함) · 희생, 봉사, 헌신 부족 · (타인이 나를 볼 때) 함께 일할 때 편한 것만 하는 사람 · (타인이 나를 볼 때) 게으름	· 나를 밝히는 것은 타인을 사랑하는 첫 걸음이다 · 상황을 면밀하게 살피는 마음 · 관심을 가지며 주변을 살피는 마음
종기	· 불안한 마음 · 일이 해결이 안 됨 · 포기하고 싶음 · 삶을 비관함	· 자신감은 나를 즐겁게 만든다 · 그 누구도 나의 노력을 평가할 수 없다 · 나는 모든 상황을 즐겁게 누릴 수 있다
탈모	· 잃어버릴까 두려움 · 정착하지 못함 · 어떤 상황에도 만족하지 못함	· 비워야 채울 수 있다 · 단순하게 생각해도 된다 · 욕심을 버리려는 마음가짐
티눈	· 리더가 되고 싶음 · 자기중심적인 마음 · 피곤함, 나른함, 귀찮음	· 활기찬 마음 · 일을 배분하면 더욱 좋은 결과를 낼 수 있다 · 일탈이 때론 사고 전환을 돕는다

신께 답을 구하다

완전한 평화와 행복으로
일평생 건강한 삶을 이어갈 수 있음을 믿습니다.
그 권능이 내려지기를 축복하여 주십시오.

만약에 잘못한 것이 있다면
아픔의 경험도 있을 줄 아오나,
온전히 당신의 뜻을 사모하여 나아갈 때는
일평생 병 없게 하옵소서.
건강의 축복을 누리게 하옵소서.
영혼이 평화와 행복을 느끼게 하옵소서.

범사에 안전함으로 보호받을 수 있도록
이끌어 주시옵소서.

이 모든 것이 그대로 이루어질 것을 확신합니다.
그대로 이루어질 것을 믿사오니
축복하여 주시옵소서.

- 대광명전달 명상 중

항문

원인 되는 마음

· 숨기고 싶음
· 타인이 몰랐으면 하는 마음
· 다 알고 있어도 모르는 척해 줬으면 함
· 내 감정을 우선시하고 싶음

나를 바라보는 타인의 마음

· 관심을 바라는 사람
· 보채는 사람
· 화나게 하는 사람

새로운 마음

· 마음을 잘 이해하려는 태도
· 감정을 배려하려 노력하는 마음
· 편안하게 지켜보는 것이 일을 이루게 한다

전생

· 표현의 자유를 빼앗았던 삶의 카르마

주문

"내 마음은 평화로움으로 충만하다."

신께 답을 구하다

항문	원인 되는 마음	새로운 마음
치질	·빨리 모든 것을 정리하고 싶음(그 상황에서 벗어나고 싶다) ·오랜 고민이 있음 ·같은 생활을 반복하고 싶지 않음	·날마다 새롭다 ·새로운 상황이 나에게 딱 맞다 ·빠른 성장을 위해 고통이 따를 때가 있다

혈액

원인 되는 마음

· 깊은 공포
· 앞으로 나아가는 것에 대한 두려움
· 머물고 싶음

나를 바라보는 타인의 마음

· 자신의 것을 고집하는 사람
· 새로운 것을 시도하지 못하는 사람
· 답답한 사람

새로운 마음

· 결단력 있는 마음
· 친절한 마음
· 후회하지 않는 마음
· 내 마음을 수시로 확인할 수 있다

전생

· 자신의 신념, 고집으로 사람을 죽게 했던 삶의 카르마

주문

"내가 보는 모든 것은 아름답다."

신께 답을 구하다

혈액	원인 되는 마음	새로운 마음
림프	·억압당함 ·사고가 막힘 ·중재가 버거움 ·삶이 지루해짐	·나는 아주 중요한 사람이다 ·다양한 결과가 있다 ·그들의 업은 그들이 풀도록 지켜보는 것이, 도움을 주는 것이다 ·흘러가는 대로 놔둘 수 있다
백혈병	·타인의 희생을 원함(의존적) ·필요한 것만 취하고 그 후는 신경 쓰지 않음 ·감정을 있는 그대로 표현하고 싶음 ·고결하다고 생각하여 타인을 무시하는 마음	·분명한 삶의 목적을 위한 마음가짐 ·나는 심신이 건강한 사람이다 ·스스로 온전할 때, 관계성이 자유롭다
저혈당	·상황이 마음대로 흐르지 않아 속상함 ·모든 상황에 지침 ·간섭이 많다고 느낌	·나는 자유롭다 ·나는 많은 관심과 사랑을 받고 있다 ·이 모든 것은 나를 위한 일이었다.
패혈증	·결과를 인정하고 싶지 않음 ·연인 또는 배우자를 부정하고 싶음 ·상황을 부정하고 싶음 ·스스로에 대한 깊은 연민	·생각을 자주 환기하려는 마음가짐 ·타인의 삶을 깊이 바라보고 이해하는 마음 ·결과의 원인과 과정을 분석해 인정하는 마음

혈액	원인 되는 마음	새로운 마음

하지
정맥류
	· 남 탓하고 싶음
	· 새로운 것을 회피 또는
	  기피함
	· 삶이 안전했으면 하는
	  간절함
	· 애인 또는 배우자에 대한
	  불만
		· 단순하게 생각할 수 있다
		· 도전하는 일은 설레는
		  일이다
		· 못하는 것을 인정할 때,
		  성장이 된다

혈액순환
장애
	· 내 말을 잘 이해해 주는
	  사람이 없다고 생각함
	· 나는 고결하다고 생각함
	· 과한 도전정신
	· 돈을 잘 벌어야 한다는 마음
	· 부양할 가족이 많음
	· 부양할 사람 중 힘든 사람이
	  있음
		· 내 인생은 멋있다
		· 나는 따뜻한 사람이다
		· 일을 덜어낼 때, 생각의
		  순환이 일어난다

신께 답을 구하다

호르몬

원인 되는 마음

· 나와 맞지 않는 일이 많다고 생각함
· 하기 싫은 것을 해야 하는 마음, 견디는 마음
· 나와 맞지 않는 사람과 함께 있을 때의 마음

나를 바라보는 타인의 마음

· 겁이 많은 사람
· 호불호가 강한 사람
· 생각이 많은 사람
· 원하지 않는 것을 해 주고 생색내는 사람

새로운 마음

· 결단력 있는 마음가짐
· 관찰은 관심의 시작이다(상대가 원하는 것을 정확하게 파악하기)
· 나의 도움이 타인이 원하는 것이 아닐 수 있다

전생

· 책임자의 자리에서 결정을 내리지 못해 피해를 줬던 삶의 카르마

주문

"나는 모든 이에게 자애롭고 따뜻함으로 충만하다."

호르몬	원인 되는 마음	새로운 마음

갑상샘
저하증
	· 많은 것을 보고 싶지 않음
	· 회피하고 싶음
	· 많은 것을 감당하고 있음
	· '할 수 있는게 없구나'라고
	  주눅 듦
		· 나는 내 삶에 다가오는 모든
		  것을 감당할 수 있다
		· 서로 나눌 때 힘이 된다
		· 실수를 통해서 발전할 수
		  있다

갑상샘
항진증
	· 기초질서 위반을 쉽게
	  생각함
	· 모든 것을 대수롭지 않게
	  여김
	· 내가 개입되지 않아도
	  괜찮다고 안일하게 생각함
	· 해결할 게 많음
		· 나는 중요한 임무가 있는
		  사람이다
		· 지키면 정리가 쉽게 된다
		· 많은 생각은 많은 걱정을
		  만든다

성조숙증	· 내가 감당하고 해결해야 할
	  일을 도와주기 바람
	· 나의 상황을 부모가 빠르게
	  처리해 주기 바람
	· 어려운 일을 쉽게 포기함
		· 보호받고 있음에 안심하는
		  마음
		· 부모와 강력한 유대감
		  형성을 위한 마음가짐
		· 모든 것을 감당하지 않아도
		  괜찮아

신께 답을 구하다

화상

원인 되는 마음

· 세상을 거부하는 마음
· 도피하고 싶음
· 도움이 절실히 필요하다고 생각함
· 책임감이 강함(그 책임이 버거움)

나를 바라보는 타인의 마음

· 융통성 없는 사람
· 고집스러운 사람
· 고립된 사람
· 애쓰는 사람
· 불쌍한 사람

새로운 마음

· 공감은 고립에서 벗어날 수 있게 한다
· 교류하면 격려받을 수 있다
· 부드러움도 강력할 수 있다

전생

· 타인을 틀(공간, 사고, 신념, 고집 등) 안에 가둬 놨던 삶의 카르마

주문

"유연함과 부드러움으로 충만하다."

에필로그

수행을 하면서도 육체의 고통은 불시에 찾아옵니다. 머리가 아프고 위장에 탈이 나고 설사병이 나고 때로는 위중한 병이라는 진단을 받기도 하고 작고 큰 사고로 다치기도 합니다. 그러면 가만히 눈을 감고 생각합니다. '내가 왜 아프지? 왜 다쳤지?', '무리했나 보네, 스트레스가 심했나 보네, 미워하는 마음이 있었네'. 그렇게 육체의 질병이라는 결과는 잘못 살았던 수행살이에서 기인되었다는 것을 알게 됩니다.

아무리 생각해 보아도 알 수 없을 때는 스승님의 말씀을 통해서 깨닫습니다. 잘못 들어온 마음 한 자락이 온갖 번뇌 망상을 일으키고 끝내 그것을 내려놓지 못하여 아프고 다치게 되었다는 것을 알게 됩니다. 그때야 비로소 '아하 그랬구나!' 하며 그 마음을 보고 내려놓습니다. 이러한 과정을 통하여 몸의 모든 것은 마음에서 비롯된다는 것을 명확히 알게 되었습니다.

수행의 시간이 깊어질수록 마음은 깊이를 알 수 없는 평화와 안식을 얻었습니다. 또한 몸의 아픔과 불편함은 강력한 사랑의 에너지로 사라지고 치유되는 경험을 합니다.

신께 답을 구하다

그러나 세월의 흐름에 따라오는 온갖 질병과 사고로 인한 고통은 누구에게나 찾아오고 그 주기가 짧아집니다. 더 나아가 세상은 그 빈도가 더욱더 잦고 정도가 심하다는 것을 많은 분을 상담하면서 경험합니다.

신과 소통하는 소명을 받고 많은 사람을 상담하고 있습니다. 사람들은 현재 겪고 있는 일을 어떻게 받아들일지, 인연의 끝이 언제쯤인지 궁금해하고 그 인연에서 내가 해야 할 일을 다 해냈는지도 묻습니다. 그리고 항상 몸의 건강을 염려하고 궁금해합니다.

왜 병에 걸려서 아픈 것인지, 때로는 자신도 모르는 몸의 병고는 없는지 등의 건강에 관하여 열에 아홉 명은 질문하게 됩니다. 위중한 병에 걸린 분들도 있고 사소하지만, 고질적인 질병으로 고생하는 분들도 있습니다. 그런 질병을 결과로 본다면 원인이 되는 마음을 현생에서 또는 전생에서 찾아 답합니다. 어떻게 하면 건강해질지에 대한 답과 함께 말이지요. 전생에서부터 이어져 오는 마음을 알게 되는 그 자체로 위로가 되어 빠르게 건강을 회복하는 것을 보았습니다.

마음의 힘은 참으로 큽니다. 병을 만들기도 하지만 낫게도 합니다. 마음에 초점을 맞추어서 삶을 이해한다면 어려울 것도 괴로울 것도 없습니다. 모든 것이 사라진 텅 빈 마음이 창조의 시작입니다. 청정한 마음에는 질병도 고통도 없습니다. 이 마음이 우리가 질병이라는 과정을 통하여 얻어야 하는 결과입니다. 그러려면 내 마음을 면밀하게 살필 수 있어야 합니다. 그래야 병에서 벗어날 수 있습니다.

오직 아픔에서 벗어나 건강한 몸의 아름다운 에너지를 경험하길 바라는 마음뿐입니다.

　그리하여 겸허한 마음으로 신의 말씀을 전합니다. 모든 작업은 깊은 명상 속에서 신의 말씀을 듣고 정리한 결과입니다. 이 모든 말씀이 위로가 되고 마음의 길라잡이가 되길 바랍니다. 잊지 말았으면 하는 것은, 이러한 병고를 겪고 난 결과는 반드시 아름다운 마음의 성장이라는 것을 말입니다. 성장은 깊은 사랑 받음이고 사랑함이고 절대의 평화에 이르는 것임을 확신하시길 바랍니다. 그 마음에 깊이 신성으로 예배합니다.

　　　　　　　　　　　신께 답을 구하다

찾아보기

ㄱ

가스통 59
간 22
간경화 23
간염 23
간질(뇌전증) 24
감기 79
감염 25
갑상샘저하증 190
갑상샘항진증 190
건선 176
건초염 42
결막염 51
경추 153
고관절 30
고도비만 122
고혈압 28
골다공증 29
골반(고관절) 30
골반염 135
골반통 31
골수 32
골절 33
공황장애 145
과민성대장증후군 59
과호흡 144

관절 34
괴사 176
교상(동물에 물린 것) 91
구내염 130
구루병 87
구안와사 102
구취 130
궤양 37
귀 38
근막 통증 증후군 71
근시 51
근육 41
근육통 42
근육파열 42
급성질환 43
기면증 98
기미 176
기흉 173
꼬리뼈(미추) 153

ㄴ

난독증 144
난소 46
난소낭종 47
난시 51

난임(불임) 127
난청 39
녹내장 51
농가진 176
뇌 48
뇌수막염 49
뇌전증 24
뇌졸중 49
뇌종양 49
뇌진탕 49
눈 50

ㄷ

다낭성난소증후군 47
다래끼 52
다리 56
다중인격장애 144
다한증 177
담석증 108
당뇨 57
대상포진 79
대장 58
덧니 158
동맥경화증 61
동물알레르기 113
동물에 물린 것 91
동상 177

신께 답을 구하다

두통 62
뒷목(경추) 153
등 63
등허리(흉추·요추) 153
디스크 154

ㄹ
루게릭병 66
류마티스성 67
림프 187

ㅁ
마리앙투아네트증후군 144
만성기침 173
만성딸꾹질 100
만성신질환(혈액투석) 104
만성질환 70
만성통증증후군(근막통증 증후군) 71
만성피로증후군 71
망막증 52
맹장 72
메니에르병 39
목 73
몽유병 98
무릎 75
무정자증(정자관련) 93

무좀 177
미추 153

ㅂ
바이러스 78
발 80
발가락 81
발기부전 93
발목 35
발치 158
방광 82
방광염 83
배란통 47
백내장 52
백반증 177
백혈병 187
변비 59
복부팽만(가스통) 59
부정교합 158
불면증 98
불안장애(공황장애) 145
불임 127
비늘증(어린선) 178
비문증 52
비염 163
비장(지라) 84
비중격만곡증 163
빈혈 85

빙의 145
뼈 86

ㅅ
사마귀 178
사스 141
사시 52
살이 안찌는 체질 123
상처 90
생리불순 135
생리통 135
생식기 92
석회화 35
설사 59
섭식장애 145
성대결절 74
성병 93
성조숙증 190
소양증 178
소장 94
소화장애 122
손 95
손가락 96
손목 35
수면관련질환 97
수면보행증(몽유병) 98
수전증 102
수족구병 26

수족냉증 102
스트레스성 신경질환 99
습진 178
식물알레르기 113
식중독 26
신경계의 질환 101
신우신염 104
신장 103
신장결석 104
신증후군 104
심근경색 106
심부전증 106
심장 105
쓸개 107

ㅇ
아토피 179
안구건조증 53
안구진탕증 102
안면마비(구안와사) 102
알레르기 112
알코올 146
암 114
액취증 179
야뇨증 83
야맹증 53
양극성 장애 145
어깨 115

어루러기 179
어린선 178
에이즈 117
여드름 180
연골 35
열병 118
염증 119
오십견 116
요로결석 93
요실금 83
요추 153
용종 120
원시 53
위경련 122
위염 122
위장 121
유방 124
유산 127
유선염 125
음식알레르기 113
이명 39
이석증 39
인대(파열, 늘어남) 42
인후통 74
임신관련질환 126
입 129
입덧 127
잇몸질환 159

ㅈ
자궁 134
자궁근종 136
자궁내막증 136
자궁외임신 128
자궁탈출 136
장티푸스 26
저체중(살이 안찌는 체질)
123
저혈당 187
저혈압 137
전립선 138
전염병 139
절단 142
정신분열 146
정신질환 143
정자관련 93
조기폐경 47
조울증(양극성장애) 145
조현병(정신분열) 146
종기 180
좌골신경통(골반통) 31
주의력결과잉행동장애
(ADHD) 146
중독(흡연, 알코올) 146
중이염 40
지라 84
직장 148

질염 26

쯔쯔가무시병 27

ㅊ

척추 152

척추측만증 153

천식 173

추간판탈출증(디스크) 154

축농증 163

충치 159

췌장 155

췌장염 156

치매 147

치아 157

치질 185

ㅋ

코 162

코로나 141

콜레라 140

크론병 60

ㅌ

타박상 91

탈골 36

탈모 180

탈장 166

터널증후군 36

턱 167

통풍 36

특정공포증 147

티눈 180

틱장애 147

ㅍ

파상풍 27

파킨슨병 170

팔 171

패혈증 187

편도결석 74

편도선염 74

폐 172

폐결핵 173

폐렴 174

폐부종 174

풍진 79

피부 175

ㅎ

하지정맥류 188

항문 184

햇빛알레르기 113

헤르페스성포진 79

혀 130

혈변 60

혈액 186

혈액투석 104

혈액순환장애 188

호르몬 189

화상 191

황달 23

흡연 146

흉추 153

흑사병 140

A

ADHD 146

신께 답을 구하다

ⓒ 효경 · 효민 · 득은, 2022

초판 1쇄 발행 2022년 5월 1일
　　　2쇄 발행 2022년 8월 19일

지은이　　효경 · 효민 · 득은
펴낸이　　김성환
편집　　　좋은땅 편집팀
펴낸곳　　태상지일사
주소　　　대구광역시 동구 파계로138길 20
전화　　　053) 959-0490
팩스　　　053) 959-0490
이메일　　taesangjiil@naver.com
홈페이지　https://blog.naver.com/taesangjiil

ISBN　979-11-977045-1-2 (03180)